EL CAMINO

Olanda Angarita

EL CAMINO

Herramientas sencillas para
transformar el dolor en alegría

LIBÉLULA
Libros

El camino. Herramientas sencillas para transformar el dolor en alegría
© Olanda Angarita, 2020
© COVEY LEADERSHIP CENTER PERU S.A.C.
Av. del Ejercito Nro. 1180 Int. 1302
olandalovecoach@gmail.com

Primera edición: febrero de 2020
Tiraje: 500 ejemplares

Hecho el Depósito Legal en la Biblioteca Nacional del Perú No 2020-05013
ISBN: 978-612-48320-0-0

Impreso en Aleph Impresiones S.R.L.

Jr. Risso 580, Lima – Perú

AGRADECIMIENTOS

La oportunidad de escribir este libro llegó a mí luego de haberme perdido en el camino y de haber recibido algunos golpes que a mi parecer y sentir fueron bastante contundentes. Agradezco a los "golpes" que me hicieron querer crecer, sanar, evolucionar, buscar respuestas, buscar ayuda, llorar, reír, encontrarme y volver a comenzar. Este libro que tienes en tus manos ha sido el resultado de mi caminar y deseo con todo mi corazón que te acompañe un rato en tu propio camino haciéndote sentir aunque sea un poquito mejor.

En el camino que hasta ahora he recorrido me he encontrado con gente que hoy quiero honrar con estas sencillas pero amorosas palabras.

Quiero agradecer primero que todo a Dios, al Universo, a esa Conciencia Amorosa que vive en mi y a través de mí. A esa Vida Inteligente que día a día insiste en que no me aparte de la senda sagrada. Gracias por tu infinito amor y tú contención en todo este trayecto.

Nada de lo que escriba aquí puede expresar ni describir en su plenitud lo que siento por cada una de estas personas a quienes agradezco, sin embargo, voy a tratar de utilizar alguna clase de combinación de palabras que intente lograr expresar mi amor por ellos.

Quiero agradecer a mi Mami por ser un ser humano perfectamente imperfecto lleno de amor y enseñanzas. Por su orden y fortaleza, por estar siempre allí en cada momento de mi vida, en cada "mudanza", por su buena memoria, su entusiasmo, su desapego forzado, por dejarme ser y confiar en mí, quiero agradecerte por tu hermosa y amorosa presencia en mi vida y por cada sonrisa que pintaste en mis labios, por ser esa mamá soñada a la que amo tanto.

A mi Papito por SER quien ES, esa energía creadora, amorosa, siempre presente, disponible, siempre con la palabra correcta, el abrazo cálido, la voz sanadora, la verdad en sus labios y el amor envuelto en papel de regalo siempre listo para hacerte reír con sus cuentos. Por su inocencia y sabiduría. Por mantenernos protegidos y amados.

A mi Het, mi hermana amada por permitirme compartir a su lado todo este tiempo, por sus consejos, su amor, por ser una guerrera de la vida y jamas perder la dulzura y la suavidad. Por darme a mi Coco que amo.

A mi Pollo por siempre estar pendiente de mí por todas tus llamadas y tu amor infinito. Por darme a mi titi puro e inocente y a mi otra hermana Jhen siempre amorosa e incondicional.

Que hermosa oportunidad de agradecer a mi compañero de camino, a mi amado Beni por ser el cohete que me impulsa a seguir adelante, mi compañero de futbol y de cine, de tantas noches en vela, de tanto viaje por el mundo y de una vida que comenzó al 3er día de conocernos, gracias por seguir estando luego de tantas subidas y bajadas, curvas y baches, luego de tanto andar y superar, Te amo. A mis hijos amados la música de mi corazón, la sonrisa de mis labios, las ganas de seguir intentando sin descanso ser perfecta, mis niños mi ilusión, mi vida, mi energía, mis trasnochos, mi escuela, los amo con todo mi ser, gracias por haberme escogido como su mami.

A mi familia amada, tod@s mis prim@s y ti@s ahora regados por le mundo con los que compartí tantos momentos, los amo y a pesar de la distancia siempre los guardo cerquita.

A mis amigas de siempre, Adri, Andre, Bea, Ana, por tantos años de amor, risas e incondicionalidad. A Cathy, Andrea y Ana lucia por levantarme y acompañarme en momentos difíciles, por llorar y por reír conmigo por traspasar fronteras solo para hablar conmigo, las amo a todas. A Vany por tanto cariño, apoyo y ayuda siempre incondicional.

A Pablo Governatori por su amistad y su arte. Que alegría trabajar juntos una vez más en las hermosas canciones que forman parte de este viaje. Que honor amigo contar contigo en este proyecto, gracias eternas por querer y por estar.

Gracias Silvano por creer en este proyecto y abrir los caminos.

A mi Venezuela extrañada y mi gente por ser siempre ese recuerdo santo y bendito que me corre por las venas. Que me hizo hermana de la espuma, de las garzas, de las rosas y del sol.

A mi hermosa Panamá y toda la gente que me abrazó y me hizo sentir en casa. Panamá mi escuela de vida, tengo tanto que agradecerte y tantos recuerdos que llevaré por siempre en mi corazón. Patria son tantas cosas bellas y eso es lo que tu eres para mi.

A Perú y toda su hermosa gente Nati, Mari Cruz y todos los que al día de hoy son mi familia, gracias por convertirte en mi nueva casa y por tantas oportunidades y bendiciones, Como no te voy a Querer.

Lu gracias por las puertas abiertas, las oportunidades y tus hermosas palabras del Prólogo.

Como no quiero que se me olvide nadie entonces voy a dar gracias por "El Contacto", ese momento de acercamiento que he tenido con todas las personas a lo largo de mi vida. Ese bendito y mágico contacto que hizo posible que tu y yo nos conectáramos en alguna parte de el camino y que seguro segurísimo nos dejó una importante lección aprendida o por aprender.

Para poder hacer contacto debimos haber estado separados y que maravilloso fue por tan solo un instante de nuestras vidas habernos unido y fundido. Habernos dormido en sueños que pertenecían a otros y aprender de esa experiencia.

Sin embargo, el contacto es eso, es solo un instante que nos recuerda que para que exista contacto debemos volver a la separación. Entonces agradezco a ese YO que quiso inocentemente ser uno con TU y convertirnos en NOSOTROS, pero que solo lo logró por un instante.

Gracias entonces a ese instante donde pudimos hacer contacto, contacto que a veces pareció mas un golpe y otras veces se sintió mas como una caricia pero que sin duda dejó algo que aprender.

Gracias a mis maestros de vida que aparecieron en los momentos correctos para cumplir con alguna petición "pre acordada" en otra vida. Gracias por cumplir con sus promesas y enseñarme a amar, a odiar, a perdonar, a comprender, a superar, a pedir perdón, a sentir, a no querer sentir, a reír a llorar, gracias.

Gracias por los duelos que me regalaron y que me hicieron cada día mejor.

Gracias a Ustedes por querer ser cada día mejor.

CONTENIDO

PRÓLOGO

Duelo. Hasta pronunciar esa palabra es doloroso. Para vivir un duelo no hay necesidad de que alguien muy querido muera, puedes sentir que algo dentro de ti se murió, se acabó, se rompió y no encuentras la forma de juntar los pedacitos.

Tengo que confesar que en distintas etapas de mi vida yo me sentí así, ya sea por una relación fallida, un proyecto que no salió como quería o un trabajo donde me costó tiempo, sudor y lágrimas enterrar al difunto. En realidad, la eterna pregunta que daba vueltas en mi cabeza era: ¿Y si hubiera...? Pero el hubiera es tiempo pasado y, por ende, es un tiempo muerto. Así lo veo yo.

Por eso, me gusta tanto la propuesta de Olanda en este libro. Cuánto hubiera querido leerlo o conocerla en tantos entierros mal hechos e improvisados que tuve en la vida. Porque si bien el sentido común y la fuerza interior pueden guiarte intuitivamente, las heridas que te deja una pérdida de cualquier tipo es ideal tratarlas con cuidado y sabiduría para que puedan cicatrizar bien. Y para mí, Olanda representa eso: una mujer que ha estudiado y puesto en práctica todo lo que se necesita para sanarnos de un duelo.

Pero ¡cuidado! Su botiquín no está lleno de algodones y alcohol etanol en el sentido figurado, claro. Su botiquín es colorido, lleno de luz y hasta de música. Si hay algodones, me los imagino de colores. Si hay alcohol, me imagino que ella hace hasta lo imposible para que no queme ni duela más de la cuenta.

Eso no hace que este botiquín carezca de fuerza, todo lo contrario. Olanda ha desarrollado todos esos ingredientes que nos permiten sanar lúcidos, sin taparnos los ojos para no sentir ni usar paliativos artificiales para disfrazar el dolor. Porque el duelo, así no sea una palabra bonita, es un aprendizaje y a través de este libro entenderemos el proceso y hasta aprenderemos, algún día, a hacerle cariño a nuestra herida.

Luciana Olivares

INTRODUCCIÓN

Si te cuesta mucho aceptar los cambios, si sientes que la vida es muy difícil, si luchas todos los días contra tus pensamientos, si los recuerdos te persiguen donde quiera que vayas, si ya te cansaste de sufrir, si sientes que ya llegó la hora de cambiar o el momento de soltar las cargas y volver a ti, entonces este libro es para ti.

Este texto es una invitación a transitar tus duelos y descubrir el regalo oculto que viene con toda experiencia de dolor. Sí, sé que en este momento no me crees, sé que ahora mismo es imposible pensar que lo que estás viviendo puede traer consigo un regalo, y más difícil todavía es pensar que volverás a estar bien.

Sígueme la corriente y no dejes de leer. Con cada página, te mostraré el camino para que explores lo que hay detrás de cada una de estas experiencias de dolor. Al finalizar la lectura de este libro, estarás preparado para dejar de huir de tu dolor y hasta serás capaz de invitarlo a caminar a tu lado por el camino de la sanación.

Tanto dolor y sufrimiento no pueden ser gratis. Deben servir para algo, ¿verdad? El duelo te invita a preguntarte cuál es ese mensaje de aprendizaje en tu experiencia.

El camino de sanación tiene muchas paradas. Cada una de ellas te dará la oportunidad de recordar quién eres en realidad. Además, podrás reconstruirte y conseguir en ti la fuerza que necesitas para seguir adelante.

Retomarás la confianza en ti, en tus instintos y encontrarás tu propia voz, esa que te guiará el resto de camino. Si sientes que has perdido la brújula, que no encuentras el rumbo, no te preocupes. A veces es necesario perderse para encontrar el camino de retorno.

En una de las escenas de la película *El mago de Oz,* el mago se va en el globo sin Dorothy y esta queda desconsolada porque ya no podrá regresar a su casa. Inmediatamente, aparece Glinda, la bruja buena, y le dice que siempre ha tenido el poder para regresar a Kansas (su hogar). Los amigos de Dorothy le preguntan a la bruja la razón por la que no se lo había dicho antes. Ella les respondió: "Porque no me hubiera creído. Tenía que darse cuenta ella misma". Luego, se dirigió a Dorothy y le preguntó: "Entonces, ¿qué has aprendido, Dorothy?".

Tal vez tu "bruja buena" no te lo ha dicho antes por miedo a que no le creas. De repente, alguna vez, sin querer silenciaste esa vocecita interior que intentaba indicarte el camino de retorno hacia ti. Quizá ya ha llegado el momento de que te des cuenta de que no hay respuesta más sabia que la que viene de ti.

Pero, ¿por qué dudar? Estoy segura de que si tienes este libro en tus manos es porque llegó el momento de creer y estar seguro de que el camino que te lleva a la felicidad y a la plenitud es el camino que te lleva a tu interior.

La buena noticia es que tú eres la Dorothy de tu vida y ya es hora de que descubras, al igual que ella lo hizo, que tienes suficiente cerebro para resolver tus cosas y que puedes utilizar tus pensamientos a tu favor para crear y construir la vida que deseas. Tienes un inmenso corazón y ya es hora de comenzar a amarte. Este es el momento de descubrir que te sobra el valor para levantarte, seguir adelante, y construir para ti eso que tanto deseas.

Al final de este libro estás tú. Así que, a pesar del miedo, sigamos andando el camino. Este es el momento de volver a casa; es decir, ya puedes volver a ti, siempre pudiste. Recuerda que tú eres tu casa y allí están todas las respuestas que necesitas para sanar.

Este libro te invita a ver los acontecimientos de tu vida desde un punto de vista más positivo y amoroso con la intención de que cambies la emoción con la que viviste ese momento de sufrimiento y te liberes de las consecuencias de utilizar mal tu energía.

Así como lo hizo Dorothy, te invito a que choques tres veces tus zapatillas de rubí y ¡despiertes! Retorna a ti, donde todo el amor y todas las respuestas te esperan. No olvides preguntarte: ¿Qué has aprendido, Dorothy?

SOBRE EL LIBRO

En este libro, más que hablar de la muerte y de las pérdidas, quiero que nos concentremos en la vida y en cómo transmutar las pérdidas en regalos.

Mi intención es darte una guía, unas instrucciones, un camino que puedas recorrer y en el que te encuentres con ese nuevo tú, más recuperado, más sabio y más feliz.

Me gusta mucho la metáfora del duelo como un camino, porque eso nos da la idea de que hay un comienzo que nos llevará hacia ese lugar donde nos podemos visualizar ya recuperados. Además, es una metáfora que todos entendemos muy bien, ya que en algún momento de nuestra vida hemos emprendido un viaje o hemos ido de un lugar a otro.

Yo lo veo como esos viajes de vacaciones que se emprenden en un carro. Un viaje en familia con la gente que amamos o simplemente solos con un buen *playlist* de fondo. Estos viajes siempre me han fascinado por toda la preparación, los arreglos y las ilusiones que acarrean.

Hoy en día contamos con los sistemas de posicionamiento global (GPS) o Waze que nos hacen llegar a nuestro destino de una forma más rápida y fácil. Recuerdo la gran cantidad de viajes que he hecho con mi esposo: él, yo y un mapa de papel de esos que desplegabas y ocupaba todo el espacio del copiloto, tapando ventanas y toda posibilidad de visibilidad.

Viajar con sistemas más actualizados nos hace preguntarnos: ¿cómo lográbamos llegar a todos lados con ese mapa de papel? Igual llegábamos sin tanto problema, y es que el ser humano se adapta a todo en la vida.

Estos largos viajes a los que ahora se sumaron nuestros hijos representan para mí un disfrute absoluto. Me gusta la idea de tener frente a mí a esas largas carreteras desconocidas y solas, la música de fondo, las conversaciones absurdas y las que tienen sentido, y los cientos de paradas para ir al baño, para comer, para comprar algún recuerdo, para ver el paisaje, para poner combustible, etc.

Este camino que te invito a recorrer no varía mucho de un viaje común. Tendremos la etapa de recibir información sobre el viaje en general y diferentes paradas en las que te llevaré primero a que te prepares, hagas tu equipaje y todos los arreglos necesarios, consigas tu GPS, te pongas en marcha, disfrutes del viaje y, finalmente, llegues a tu destino.

Música para acompañar tu viaje

Como algo interesante, he preparado para ti un pequeño *playlist*; es decir, varias canciones que encontrarás en algunas partes de este libro que consideré pertinentes. Podrás escucharlas, porque verás un código que te permitirá acceder a la canción. Estoy segura de que te pareces mucho a mí y que tenemos muchas cosas en común. De seguro, además de compartir experiencias de duelo, también podemos compartir otro tipo de gustos como la música.

La música forma parte de mi vida desde que estoy en el vientre de mi madre o tal vez desde antes. Provengo de una familia de músicos, artistas, cantantes, compositores, gente amorosa, amable, humilde, siempre con la puerta abierta para recibir al que quiera venir a bailar y a reír a pesar de los problemas.

La música para mí es mi gran amiga, compañera de todos los viajes de mi vida, los reales, esos que hago en auto, y los de la vida, metafóricamente hablando. Viajes donde la música me ha curado el corazón roto, donde la he utilizado premeditadamente para que me acompañe a llorar, que he hecho para sacarme la tristeza o la furia y a veces en la que visualizo un maravilloso futuro. La música fue siempre compañera de mis hijos y mi canto nuestras primeras conversaciones. Cantando enamoré a mi esposo, pero también casi lo pierdo una vez. La música siempre ha estado allí: en las buenas y en las malas.

He preparado un pequeño *playlist* de canciones originales compuestas por mí y pensadas para cada parte del camino. Quiero que puedas llorar con ellas, que te identifiques, que te limpies por dentro, pero que también puedas con ellas conseguir tus sonrisas y la fuerza para ponerte de pie.

Quiero que te subas a tu auto virtual, ese con el que estás haciendo este viaje simbólico y pongas este *playlist* a todo volumen y te dejes guiar por sus notas, sus ritmos, sus melodías y sus silencios.

Quiero que gastes la voz cantando a todo pulmón y duermas con sus dulces melodías.

Dale *play*.

CAPÍTULO 1

El duelo como camino de sanación

No cabe la menor duda de que estás vivo. De lo contrario, no estarías leyendo este libro. Tal vez estés de acuerdo conmigo en el hecho de que estar vivo te mantiene la mayor parte del tiempo en movimiento. Te levantas de la cama en las mañanas, vas al trabajo, vuelves, buscas a tus hijos en el colegio, vas al supermercado, llevas a cabo tus rutinas, viajas, te mudas, entre una larga lista de cosas.

Seguro has experimentado, por el simple hecho de estar en movimiento, algún cambio en tu vida. Por ejemplo, un cambio de trabajo, de pareja, de casa, de amigos, de peso o de estado de ánimo. Algunos de estos cambios dependen de ti y otros no, y con estos últimos no puedes hacer nada al respecto.

¿Quién, por ejemplo, tiene el poder de evitar los cambios como los que trae el movimiento constante del planeta? Cambios que te llevan del invierno al verano y te hacen sentir diferentes climas, que te invitan a sentir diferentes estados de ánimo y traen diferentes cosechas de alimentos que cambian tu cuerpo. Cambios que nos da la naturaleza y que nos traen diferentes cielos con distintos colores y posiciones de las estrellas. Cambios que nos alejan o acercan a otros planetas que dicen alterar nuestros estados de ánimo.

Quizá pudiste vivir en carne propia algunos de esos cambios que vinieron con buenas y malas noticias. Tal vez, recibiste cosas buenas, conociste nuevas personas, lugares fantásticos o te enamoraste. Ahora bien, seguro que con el cambio también perdiste a alguien que amabas, dejaste de ver a algún amigo especial, perdiste alguna cosa que guardabas con aprecio o murió alguna mascota o un ser querido que amabas.

Sin embargo, a pesar del sufrimiento, no importa el dolor que se siente al perder. Siempre es mejor llorar por haber amado y perdido, que nunca haber experimentado esta sensación mágica de amar alguna cosa, animal o persona. Son muchas las pérdidas que un ser humano puede vivir en el transcurso de su vida y cada una de ellas tiene un valor único.

Normalmente, la palabra duelo está relacionada solo con la muerte, y esta relación hace que se cierren las puertas de sanación para el resto de las personas que, sin saberlo, también atraviesan un proceso de duelo por otras razones.

Podemos estar viviendo un duelo por muchos motivos. Como te comentaba líneas arriba: si estás vivo, estás en movimiento; y si estás en movimiento, inevitablemente, vivirás cambios en tu vida, y con esos cambios corres el riesgo de perder algo o a alguien que amas.

Mi propósito con este libro es que conozcas cuáles son esos otros motivos por los que podrías estar atravesando un duelo, y que aprendas a transitarlo y no te quedes viviendo en él. La idea es que consigas las herramientas que necesitas para volver a ti, para sentirte mejor, ponerte de pie y tener un mejor punto de vista. Esta mirada debe ser diferente, más constructiva, positiva, llena de agradecimiento y puede que hasta sonrías en el proceso.

Te invito a que le pierdas el miedo a la vida, que la abraces y le des la bienvenida, aunque eso conlleve también aceptar sus pérdidas dolorosas. Decía el dalái lama que las personas que más lloran y más sufren al momento de morir son aquellas que no han vivido a plenitud. Entonces, te pregunto: ¿Estás viviendo a plenitud?

En este libro, más que hablar de la muerte, el sufrimiento y el dolor, quisiera hablar de la vida, de cómo vivir, de cómo aprender a autogestionarnos para disfrutar nuestra vida, aquella que nos sigue quedando después de alguna pérdida. Esa misma vida que dejamos tirada en una esquina, ahogada en llanto como si no valiera la pena seguir adelante.

Deseo que explores y vayas desde el negro de la muerte o el gris oscuro de un divorcio o un despido, al amarillo, azul o rosa de una vida llena de comprensiones y maravillosas oportunidades para volver a ti, para volver a comenzar.

Deseo que cada palabra que leas te devuelva la fuerza que necesitas para seguir caminando, p0ara que recuperes tu brújula, para que recuerdes quién eres en realidad y lo poderoso que eres.

Deseo de todo corazón que estas líneas despierten esa luz que vive en ti y así puedas ver el camino que debes transitar para evolucionar.

CAPÍTULO 2

Motivos por los que podrías estar viviendo un duelo

Los motivos por los que podrías estar atravesando un proceso de duelo, sin siquiera saberlo, son muchos. Voy ir, a lo largo del texto, describiendo los que parecen ser más comunes; sin embargo, cada ser humano es un mundo y por cada persona hay un duelo. Así que quédate atento a todo lo que hablemos aquí y aplícalo a cualquier cambio que cause desequilibrio en tu vida.

El duelo es un proceso interno de adaptación que vivimos después de haber tenido una pérdida. Es el dolor que sentimos a causa de esta pérdida. Es el proceso que realiza el cuerpo para recuperar su equilibrio. Es la adaptación emocional que todos vivimos por los diferentes tipos de pérdidas que podemos experimentar en el transcurso de nuestra vida.

Puedes estar viviendo una experiencia de duelo por la muerte de una mascota, un divorcio o una separación, cuando se termina una amistad muy querida, al mudarte de aquella casa donde tenías tantos recuerdos, al cambiar de colegio (atentos con los pequeños de la casa) o al emigrar de un país a otro o al perder la buena salud a causa de una enfermedad.

Un proceso de duelo también puede comenzar cuando una mañana te das cuenta de que tienes una arruga o una cana más y sientes que estás perdiendo tu juventud. Este duelo es muy común hoy en día, porque vivimos en una sociedad donde parece que ser joven es la puerta de entrada para emprender nuevos proyectos, comenzar nuevas relaciones de pareja, viajar, buscar empleo, entre otras cosas; mientras que esta puerta se cierra para todos aquellos que no tengan cierta edad. Parece, entonces, que para seguir activo y vigente en esta sociedad no te puedes dar el lujo de envejecer.

Tal vez tus pérdidas se relacionen con una etapa que no sabes cómo terminar, como un divorcio o una separación, o una nueva que no sabes cómo empezar, como el síndrome del nido vacío: tus hijos crecen, se van de casa y tú que tienes tantos años siendo madre o padre ya no sabes quién eres sin ellos. Empeora la situación, en algunos casos, cuando además de "perder" a tus hijos te das cuenta de que tu relación de pareja ya no es la misma que antes.

Quizás tu duelo sea profesional: no has podido concretar un proyecto al que le tienes mucha fe, perdiste tu trabajo y en el fondo crees que jamás encontrarás una nueva oportunidad, sientes que estas muy mayor para conseguir otro buen empleo o peor aún sientes que ya no tienes valor en el mercado.

Sí, es una lista larga de pérdidas, y cada duelo está hecho a la medida de cada doliente. Cada duelo es una real pesadilla; por ello, debemos respetar el dolor de cada ser humano y no minimizarlo jamás.

¿Cómo encontrar de nuevo el rumbo después de que hemos perdido lo que creíamos era nuestra ruta a la felicidad y a la plenitud? ¿Cómo volver a ser felices si vivimos con la creencia de que todo lo externo es lo que nos dará la felicidad y la paz que tanto buscamos?

El camino de retorno a nosotros puede ser difícil a veces. Sin embargo, la satisfacción de reencontrarnos, pararnos frente a nosotros mismos y vernos de nuevo a los ojos, percibirnos como sobrevivientes, sentir que ahora somos más fuertes que antes, no tiene precio.

Tú tienes que convertirte en la causa del efecto que quieres experimentar. Como dice el dicho: "afuera no hay causas, solo efectos"

Comenzamos a entender que el dolor por lo vivido era el mapa hacia nuestro interior, y justo allí dentro es donde nos aguarda nuestra felicidad, paz, armonía y amor propio. Comprendemos de una buena vez que gracias a esa experiencia encontramos ese tesoro tan preciado.

Entendemos que el viejo paradigma newtoniano de causa-efecto —es decir que el entorno nos proporciona lo que necesitamos para activar los cambios dentro y evolucionar— no es el correcto.

Hay una frase que me encanta: "no hay suficiente amor en este mundo para hacer sentir amada a una persona que no se ama a sí misma". Y tampoco hay suficiente respeto, confianza, paz, armonía y felicidad fuera de nosotros que lo pueda conseguir. Entonces, ¿vas a seguir buscando fuera lo que desde dentro te está llamando? ¿Qué necesitas para darte cuenta de que ya estás completo?

Hoy en día se está comenzando a vivir más desde la visión cuántica, esa que te invita a crear desde dentro hacia afuera. Por ejemplo, si estuvieras viendo una película que no te gusta, lo lógico sería que la cambiaras en el aparato proyector y no la pantalla. Lo mismo ocurre con la película de tu vida. Tú eres ese aparato emisor, entonces tú y solo tú puedes cambiar lo que estás proyectando en la pantalla de tu vida.

Tú tienes que convertirte en la causa del efecto que quieres experimentar. Como dice el dicho: "afuera no hay causas, solo efectos".

Atrévete a recoger tus pedazos del suelo y llévalos a tu interior para armarte de nuevo. Esta vez debes crearte desde cero, ser una nueva persona, una nueva energía que tenga pensamientos diferentes que te lleve a nuevas experiencias. Pregúntate cuál es la mejor versión que puedes ser y, desde esa respuesta, reconstrúyete. Haz de ti la mejor obra de arte jamás pensada.

Entonces, volvamos al duelo ¿qué vas a hacer con todo este dolor que sientes?

Una vez que has reconocido que estás de duelo podrás activar los cambios para tu bienestar. Podrás reorientar tu brújula e incluso podrás cambiar el rumbo hacia el destino que quieras.

¿Estás listo? Vamos paso a paso.

No hay suficiente amor en este mundo para hacer sentir amada a una persona que no se ama a sí misma

Encuentra tu forma de conectarte con esa energía creadora que te permitirá vivir a plenitud el tiempo que te toque permanecer en este maravilloso planeta.

CAPÍTULO 3

Duelo por pérdida de la juventud y pérdida o ganancia de peso

La pérdida de la juventud es un cambio que sufrimos los seres vivos. Escojo la palabra "sufrimos", porque la forma en cómo vivamos nuestras experiencias es nuestra elección. Hemos escogido ver nuestros cambios biológicos como una pérdida lamentable, como el camino inevitable hacia la muerte y no como un proceso mágico por el que atraviesa nuestro cuerpo físico, el feliz e inevitable reencuentro con el todo de donde venimos.

Todo cambio nos puede hacer perder algo. Esta pérdida nos lleva a un duelo, porque estamos tan apegados que no sabemos cómo soltar. En este caso, hablo de la juventud.

Realmente ¿qué estamos perdiendo? Al hacernos mayores, pensamos que estamos perdiendo oportunidades o la oportunidad de vivir, pero tal vez sea la oportunidad de hacer las cosas que siempre quisimos hacer.

El problema está en pensar que la pérdida de la juventud es una muerte lenta que nos impide hacer cosas y, sin querer, comenzamos a limitarnos desde antes de morir. Estamos como muertos en vida, porque se supone, según los cánones de esta sociedad, que a partir de cierta edad ya no somos aptos para participar en ella.

La buena noticia es que nada de esto tiene que ser así. Hoy en día la edad está pasando de ser un obstáculo mental autoimpuesto a un camino que invita a la constante reinvención y que poco a poco está ganando más adeptos. Actualmente, vemos a mujeres como Lyn Slater de 64 años o a Deshun Wang de 83 años, ambos modelos con carreras exitosas y prometedoras en el mundo de la moda.

El gran trovador Facundo Cabral tenía la habilidad de invitarnos a seguir participando de nuestra maravillosa vida sin importar la edad; así también lo hizo Moisés, quien dirigió el éxodo a los 80 años; lo mismo pasó con el gran Rubinstein, pianista y director de orquesta, que seguía tocando a los 90 años.

"De la cuna a la tumba es una escuela", decía Facundo Cabral. Entonces, aprovecha, disfruta y aprende hasta el final de tus días.

No dejes que nadie te limite. No permitas que tú y tus miedos te cierren la puerta de la fiesta de la vida antes de tiempo. Vive, baila, ríe, canta, escribe, ama, abraza, besa, da las gracias, enamórate de todo hasta que el amor se enamore de ti y te robe el último suspiro.

Te invito a hacer una lista de las cosas que siempre quisiste hacer y no hiciste, y de las cosas que quieres hacer ahora y no has hecho todavía. Actualízalas, ya que como estamos en constante cambio, tal vez lo que querías hacer a los 15, a los 20 o a los 30 años no sea lo mismo que quieres hacer ahora. Sé coherente contigo, conócete y respétate.

Luego de hacer tu lista y que todo cuadre bien, ponle fecha. Mientras no le pongas fecha y lo agendes, quedará en el aire y será más difícil de materializar.

Esta lista te reconectará con tu propósito de vida o te dará uno nuevo. Todos necesitamos una visión, una meta, un objetivo. Tal vez tu meta sea sentirte mejor físicamente, entonces organiza una rutina de ejercicios que te devuelva la energía. Quizás lo que desees es sentirte más conectado con tu espíritu, para lo cual la meditación es un buen camino. A lo mejor lo tuyo es mantener activo el cerebro y seguir aprendiendo, entonces la lectura, los cursos, los talleres, otra licenciatura o un curso de posgrado en la universidad serán una maravillosa oportunidad de aprendizaje. Mantener los lazos con la familia, los amigos, la pareja son una excelente forma de mantener equilibrada nuestra vida.

Encuentra tu forma de conectarte con esa energía creadora que te permitirá vivir a plenitud el tiempo que te toque permanecer en este maravilloso planeta.

No pierdas ni un segundo de tu tiempo culpando a los demás por lo que dejaste de hacer o lo que hiciste. Se te van a ir los años y no habrás logrado nada más que alimentar dentro de ti el miedo, la tristeza y la rabia. Deja ir todo lo que no te sume, comienza a sentirte libre, deja ir eso que pesa tanto, ahórrate esa energía porque la vas a necesitar para bailar, saltar, crear y reír.

La juventud no se pierde. Tú decides: o la inviertes en actividades que te retribuyan positivamente o en acciones que te consuman y te carguen hasta el umbral de la muerte. No has perdido nada. El tiempo, tu tiempo, está en tus manos y tú decides qué hacer con él.

No te quedes con nada dentro que luego lamentes. No en vano dicen por ahí que al final de la vida uno no se arrepiente de lo que hizo, sino de lo que dejó de hacer. Eso sí, recuerda siempre tener sentido común, respeto hacia ti, hacia el planeta y hacia los demás.

Duelo por pérdida o ganancia de peso

La pérdida y ganancia de peso es una experiencia que algunas personas viven como un duelo. Esta experiencia, al igual que todas las que vivimos, nos habla y quiere mostrarnos algo de nosotros mismos. Por ejemplo, nos recuerda situaciones de nuestro pasado y presente que normalemente ignoramos, pero que encuentran su vía de escape y de comunicación a traves de nuestros cuerpos; es decir, acumulando o perdiendo grasas o líquidos.

Pararnos frente al espejo y vernos con muchos kilos de más o con poco peso trae consigo frustración, tristeza, desánimo, mal humor, rabia, baja autoestima, inseguridades, complejos, conflictos, lamentos, juicios y una ola interminable de reproches y pérdida de tiempo. En lugar de invertir nuestras horas y pensamientos en cosas productivas, pasamos demasiado tiempo rumiando lo mal que nos vemos y buscando fórmulas mágincas para adelgazar o subir de peso.

Esta imagen de nosotros mismos que no reconocemos forma parte de un cambio que nos negamos a aceptar, sin saber que en la negación y la no aceptación se encuentra la perpetuidad de la situación.

Si pudiéramos tan solo escuchar lo que nuestro cuerpo nos quiere decir, comenzaríamos a transitar el camino que nos llevaría a un estado físico saludable y deseable.

El duelo de vernos al espejo y no encontrar en ese reflejo a la persona que deseamos ver, es algo que nos frustra a diario.

Ese duelo que se enciende dentro de ti cada vez que te vas a vestir, desvestir o cada vez que pasas frente a un espejo, podría superarse si tomas la decisión de hacer algo por ti. Para ello, debes partir desde el amor y no desde el odio a tus kilos.

Ya sabemos que existen miles de tips para perder o ganar peso que están relacionados con ejercicios y con dietas o estilos de comer. Esto me parece muy bien; sin embargo, hay un alimento que, en las mayoría de los casos, nadie menciona: el "alimento emocional".

Quisiera que aprendieras a identificar ese bocado de pensamientos y emociones autodesctructivas que no te permitirán asimiliar ni la manzana más perfecta ni la proteina más pura.

La clave está en escucharnos. Si no eres capaz de reconocer tus conflictos emocionales, poner un freno a tu apurada vida, si sigues dejándote llevar por las agendas de otros, los gustos de otros y las decisiones de otros, jamás podrás entender lo que tu cuerpo te está tratando de decir a gritos.

La razón por la cual estás en desequilibrio con tu peso y en desacuerdo con tu imagen es por que no te conoces.

Si quieres superar este duelo, debes volver a ti. Necesitas identificar el ambiente emocional en que te alimentas y luego cuáles son los conflictos internos que obstruyen tu fluir armónico.

Para identificar tu ambiente emocional, pregúntate: ¿Por qué comes lo que comes? ¿Estás segura de que es lo indicado para ti? ¿Es lo que necesita tu cuerpo? ¿Por qué comes a la hora que comes? ¿Cuántas veces comes? ¿Comes como *zombie* frente a la televisión? ¿Comes apurada? ¿Comes con culpa? ¿Comes con miedo a engordar? ¿Comes frustrado porque sabes que no habrá cambios? ¿Comes triste? ¿Comes estresado? ¿Comes por gula? ¿Comes sin hambre?

Para que tu comida haga su trabajo y te nutra, no solo tiene que ser saludable, sino tambien ser justo lo que tu organismo necesita. Es muy importante, además, que tenga un aderezo emocional de gratitud, paz y amor. Cada bocado debe venir acompañado con un trago de certeza. Debes saber que lo que estás comiendo es bueno para ti.

Una vez que ya sabes qué es lo mejor para ti en términos de alimentos y ambiente emocional, debes comenzar a reconectarte nuevamente con tu amor propio. Comenzar a amar la imagen en el espejo sea lo que sea te que muestre. La aceptación amorosa es un ingrediente primordial para acelerar tu metabolismo.

Confía en ti, confía en tu cuerpo, él sabe lo que hace, relájate, saca de tu plato todo lo que esté de más (miedo, estrés, dudas, rechazo...). No te sobrealimentes de malos pensamientos. No necesitas ese veneno extra.

Si ya identificaste tu ambiente emocional y ya estás haciendo un trabajo de amor propio, lo que sigue es conocer, recordar y autoindagar qué situaciones o conflictos internos te pueden causar un exceso de peso o una incapacidad para perderlo.

Hay conflictos internos que nos llevan a querer desaparecer, tal vez algunos de estos casos sea el tuyo: divorcios, peleas constantes, no sertirte valorada, abusos sexuales, violencia psicológica o física. Estas y muchas otras situaciones, sean reales o percibidas como reales, nos pueden hacer perder peso y, en una forma simbólica o literal, querer desaparecer.

Por otro lado, si tu caso es todo lo contrario y por más que lo intentas no logras deshacerte de esos kilos de más, tu cuerpo te puede estar queriendo mostrar algunos conflictos internos de tu vida que tal vez deseas sepultar o esconder. Lo que estás pasando por alto es que no importa cuánto ignores estas situaciones, siempre encuentran salida por algún lado.

Algunos de ellos pueden ser cuando queremos que nos presten más atención, que se fijen más en nosotros, que nos vean, que nos tomen en cuenta. En ocasiones, podemos percibir errónea o realmente que nadie se preocupa por nosotros. Es entonces que al no poder expresar o interpretar nuestro sentir y callar nuestros sentimientos, esa información busca las formas de salir a la superficie. Es como si nuestro cuerpo se hiciera más grande con la finalidad de ser visto y le gritara a todos: ya no hay excusa, soy lo suficientemente grande para que puedas verme, ya no me puedes ignorar.

Algunos cuerpos engordan precisamente para todo lo contrario. Al no querer ser tocados, ponen grasa de por medio. El lugar donde tu cuerpo acumule la grasa te da una guía sobre tu conflicto emocional.

Otras situaciones que nos pueden hacer engordar son las relacionadas con el pensamiento de abundancia y de carencia. Si en algún momento de nuestras vidas, cuando éramos pequeños o incluso en nuestro presente, hemos percibido que nos hace falta dinero, si hemos vivido en nuestra infancia situaciones de carencia, si nuestros padres nos hablaban o los escuchamos hablar o pelear por dinero o por alguna situación económica precaria, nuestro cuerpo, para protegernos, activará un proceso de acumulación de grasa como respaldo para tiempos de carencia.

Es importante que sepamos que la función de la grasa corporal es la de protegernos: protege nuestros huesos, articulaciones y órganos de golpes y traumatismos. La grasa controla la temperatura y es una fuente de energía para nuestro cuerpo. Si estás acumulando grasa, pregúntate qué situación de estrés estás viviendo o crees estar viviendo para que tu cuerpo necesite protegerte.

Dale las gracias a tu cuerpo por cuiadarte. Libérate y sana todo lo que consideres que te está hiriendo o que es peligroso para ti. Vuelve a conectarte contigo.

Acompaña tu buena alimentación con una rutina de ejercicios bien pensada, con un ambiente emocional amoroso y con la identificación y liberación de conflictos internos que llevas cargando y acumulando desde tiempos que no puedes ni recordar.

En cada sentada a la mesa, debes practicar la alimentación consciente; es decir, préstale toda tu atención a tus alimentos, obsérvalos, huélelos, siéntelos dentro de tu boca. Agradece por ellos. No comas apurado, ya que esto es interpretado por el inconsciente como si estuvieras en una situación de peligro. De esta forma, el cuepo se pondrá en actitud de alerta y no gastará energía en digerir bien los alimentos o, por otro lado, almacenará toda la grasa posible para los momentos de carencia que supone vendrán, etc.

Acepta el cambio. Reconoce tus situaciones presentes y pasadas y dales un espacio para que te muestren el aprendizaje. Así, al dejarlas ir ya no rellenarán tu cuerpo o ya no ocuparán el espacio que podría ser llenado con alimentos saludables.

Ama tu cuerpo con cada una de sus curvas, rectas y bultos. Reconcíliate con la figura que ves en el espejo. Si deseas algún cambio, hazlo por amor a ti y no por odio a tu reflejo.

CAPÍTULO 4

Duelo por muerte

Todo cambio es una pequeña muerte. Cada experiencia que dejamos atrás es la muerte de lo vivido. Cada noche, al acostarnos, se muere el día transitado.

La vida se desarrolla en ciclos. Pasamos de nacimientos a muertes, de soles a lunas, de veranos a inviernos, de flores a hielos, de árboles vestidos de hermosas hojas a ramas secas, de días a noches, de alegrías a tristezas.

Todo es un ciclo, todo acaba y comienza. Todo pasa, todo tiene su final y si vivimos sabiendo esto disfrutaremos más los momentos de felicidad y aprenderemos más de los momentos de dolor.

Si entendemos que siempre, siempre, después de dormir, al despertar, nacerá una nueva mañana, comprenderemos que tenemos una nueva oportunidad para volver a comenzar.

¿Qué es la muerte? ¿A dónde vamos después de morir? ¿Nacemos instantáneamente en otra vida luego de morir en esta? ¿Nos espera un infierno o un paraíso? Son tantas las preguntas que se quedan sin respuestas.

No sabemos a ciencia cierta qué es la muerte ni a dónde vamos cuando morimos, pero lo que sí está comprobado es que somos cuerpos de energía, y la energía no se destruye, sino se transforma. Así que podríamos decir que la muerte es un cambio de estado físico para el que se va y un cambio psicológico para los que se quedan.

El problema con los cambios es que siempre nos quitan el equilibrio. Sin embargo, tenemos que aceptar que es el fluir de la vida. Estamos en continuo cambio: nacemos, crecemos, envejecemos y cambiamos de estado físico o morimos. Es algo tan natural que ya deberíamos transitarlo con total normalidad.

Si ya sabemos que es el fluir de la vida, entonces ¿qué es lo que nos causa tanto sufrimiento y tanto miedo? Primero, debes tomar en cuenta la mala relación que tienes desde siempre con la muerte.

Si te pones a pensar, esta relación ya viene un poco golpeada. Desde que nacemos sabemos que lo único seguro es que algún día nos vamos a morir. Sin embargo, en la mayoría de nuestras culturas nos prohíben hablar de la muerte. Mencionar esa palabra es como un mal augurio o mala suerte, como si por mencionarla la estuviéramos atrayendo. La muerte es un tabú, entonces ¿cómo pretendemos relacionarnos con ella si no podemos ni pronunciarla?

A esta mala relación agrégale el apego. ¿A qué me refiero? Solemos vivir aferrados a las cosas, a las personas y a la vida como la conocemos. Es sentir que dependemos de algo fuera de nosotros para ser felices, para mantenernos y seguir viviendo. Esto nos hace vivir con miedo, ya que cualquier cambio podría arrancarnos eso de lo que tanto dependemos.

Si no sabemos cómo relacionarnos con la muerte ni cómo manejarla ¿cómo pretendemos hacerle cara? Es más, te voy a dejar otra reflexión. ¿Preparado? La mayoría de nosotros tampoco sabe cómo relacionarse con la vida. Tenemos mucho que aprender si queremos vivir en paz y llegar a ser felices y plenos.

Algunos piensan que el rechazo a la muerte proviene en la forma en cómo llega; es decir, nos toma desprevenidos. ¿Crees que habría alguna diferencia en tu relación con ella si supieras cuando va a llegar?

Entonces, ¿cómo nos preparamos para algo que nos causa tanto miedo? Cuando se le pregunta a las personas que están a punto de morir qué habrían hecho diferente, todos llegan a las mismas conclusiones: preocuparme menos, vivir a plenitud, amar sin reservas, ser coherente conmigo mismo (es decir, si pienso algo es porque lo siento y si lo pienso y lo siento, lo digo; y si lo digo, lo pienso y lo siento, entonces lo hago), respetarme y hacer lo mismo con los demás, tomar las riendas de mi vida y no dejarla ni un momento a la suerte, no hacerme la víctima, no pasarme la vida buscando culpables de lo que yo mismo no decidí hacer o vivir, reír, cantar, bailar como si nadie me estuviera viendo, dejar ir, cuidar de los demás y dejarme cuidar.

Todas estas reflexiones nos llevan a pensar que no importa si sabes cuál es tu fecha límite o no. ¡Vive! Simplemente dedícate a vivir. De esta manera, no sentirás arrepentimiento o nostalgia por las cosas que hiciste o dejaste de hacer.

Hace unos días, hablé con mis hijos sobre la muerte y de lo que decía el dalái lama: "Los que más sufren y lloran al momento de morir son los que no han vivido a plenitud". Les explicaba a mis hijos que la vida es una fiesta de esas a las que los invitan sus amigos. En esa fiesta podía ocurrir dos cosas: que se quedaran en un rincón, enojados, sin jugar y sin comer golosinas o que disfrutaran a plenitud de la fiesta, del lugar, de los amigos, bailaran, saltaran, comieran, etc.

La reflexión que hicimos fue sobre cómo se sentirían, en ambos casos, cuando yo les dijera que ya era hora de irnos. Los dos coincidieron en que, si habían disfrutado de la fiesta, entonces saldrían tranquilos y dispuestos a irnos a casa. Por otro lado, ambos entendieron que si no habían disfrutado, me pedirían quedarse un rato más, reclamarían y pedirían la razón de irnos, harían berrinche, etc. La conclusión fue que había que disfrutar de la fiesta de la vida con sus altas y sus bajas, ya que no sabemos cuándo será la hora de irnos.

¿Qué nos quiere decir la muerte?

La muerte tiene una enseñanza diferente para cada persona que la experimenta. Y si nos pasamos la vida haciendo el papel de víctima o buscando culpables, nos vamos a perder de este aprendizaje. Si es que no aprendemos de nuestras experiencias, no crecemos y no evolucionamos y nos iremos de este mundo sin haber aprovechado la oportunidad. Sería como ir al colegio y tomar la decisión de no aprender nada.

Debemos aprender de las experiencias que vivimos y dejar que la gente a nuestro alrededor también lo haga.

La muerte siempre nos muestra una cara distinta; por eso, debe ser tratada de forma diferente de acuerdo a la edad y a la causa. Aunque no existe una receta para esto, hay algunos consejos que te pueden servir para acompañar a alguien en su duelo o si eres tú el que lo está viviendo.

Uno de los primeros aprendizajes que nos da la muerte es aprender a trabajar con la culpa. La muerte nos pone frente a frente con ella. Todos los que seguimos vivos, luego de perder a alguien, sufrimos de culpa por el simple hecho de seguir con vida.

¿Has escuchado hablar del síndrome del sobreviviente o la culpa del sobreviviente? Es una condición mental, un constante pensamiento de por qué uno sobrevive y esa persona que tanto amamos no. Esta condición te puede llevar a pensar, por ejemplo, en cuánto tiempo te queda o le queda a los que más amas. Inconscientemente se siente culpa por el simple hecho de seguir vivo.

Sentimos culpa cuando acompañamos a alguien que ha tenido una pérdida y nosotros estamos bien.

Sentimos la culpa del ego cuando creemos que pudimos haber hecho algo para evitar una tragedia. Por ejemplo, nos decimos frases como: si no le hubiera dado permiso, si hubiera llegado antes, si hubiera sabido o prestado más atención.

Sentimos la culpa del desvalorizado; es decir, el que piensa que mejor hubiera sido morirse él y no la persona que murió.

Sentimos la culpa del que tiene malos pensamientos. Por ejemplo, el que se pregunta por qué murió ese familiar y no fulano o zutano que eran malas personas.

¿Cómo nos quitamos de la cabeza tantas formas de culpabilizarnos? ¿Cómo aprendemos a transitar un duelo? ¿Cómo aprendemos a no hacernos daño con nuestros pensamientos tóxicos de culpa? ¿Cómo aprendemos a enfocarnos en la persona que murió y dejamos de querer ser los protagonistas de lo sucedido? La mejor forma es entendiendo que la muerte le corresponde a la persona que se murió, que la muerte no es negociable ni intercambiable, que cada alma decide cuál es su tiempo de aprendizaje en esta vida y que solo somos almas hermanas que por instantes compartimos un pedacito de tiempo, un café, una copa de vino, una canción, un beso, un amor.

Para soltar la culpa tienes que vivir a plenitud y no quedarte con palabras, abrazos, sentimientos y amor dentro de ti. La culpa te hará pensar que siempre pudiste hacerlo mejor y que te faltó algo que hacer o que decirle a esa persona. Entonces, cerciórate de que no te quedes con nada adentro.

Sientes culpa y te aferras a ella porque piensas que si te sientes mejor y rehaces tu vida estás faltándole al que se fue. Si tuvieras la oportunidad de preguntarle a tu ser querido fallecido cómo quisiera él que tú vivieras, ¿qué crees que te respondería?

Si viviste a plenitud, no te guardaste ni un solo te quiero, diste lo mejor que pudiste con las herramientas que tenías en ese momento, entonces enfoca tus energías en la satisfacción del deber cumplido. No caigas en el juego de la mente de buscar y rebuscar qué te faltó.

Deja ir la culpa, perdónate y haz lo mismo con las personas que creas que necesites perdonar.

En este mundo no se queda nadie, el último que salga será el que apague la luz. Así que como sabemos que es inevitable, mejor comienza a trabajar en tu relación con la muerte. Trata de verla como un comienzo y como una gran maestra de vida y no como un ser horrible que viene a llevarte.

Una vez escuché algo que me encantó. La persona decía: "imagina que en el mismo instante en que estás muriendo, estás naciendo del vientre de tu madre en otra vida". La verdad es que esa idea me dejó maravillada y me hizo pensar en la muerte como si fuera un comienzo.

Es normal que cuando alguien se va se sienta un vacío. Tú te sientes vacío, la casa se siente vacía. Es físico el vacío que sentimos y solo se puede entender la sensación cuando la has vivido. Te servirá saber que detrás de cada vacío hay miedo, y entenderás mejor ese vacío si sabes a qué le tienes miedo. Pregúntate a qué le tienes miedo. De esta forma, podrás dejar ir tus miedos y comenzar a llenar tus vacíos con material energético más elevado y más productivo. Suelta tus miedos y llena tus vacíos con amor, bondad, paz, comprensión por lo sucedido, bonitos recuerdos, agradecimiento, entre otras tantas cosas.

Los adultos y el duelo por muerte

Vivir la experiencia de la muerte de un ser querido es una de las situaciones más fuertes y difíciles que podemos vivir. Ese vacío y tristeza que te envuelven al saber que ya no verás nunca más a esa persona que formaba parte importante de tu vida es algo que nos desmantela y nos supera en la mayoría de los casos.

Estas experiencias retan nuestra forma de pensar, de sentir y de vivir, ya que tenemos que aprender de nuevo a rehacer nuestra vida sin esa persona. Sin embargo, sabiendo lo duro que puede ser, también somos capaces de comprender que tarde o temprano sucederá. Desde que nacemos, sabemos que lo único de lo que podemos estar seguros es que alguien cerca morirá y que algún día moriremos nosotros también.

Entonces, además del gran vacío que deja un ser querido cuando fallece y del profundo dolor por su partida, existe algo que tenemos que aprender a manejar para sobreponernos a la situación, aunque sume más sufrimiento a la experiencia que ya estamos viviendo. Me refiero al pensamiento recurrente de tener algo pendiente con esa persona que se fue: algo que no dijimos, algo que sí dijimos y que ahora preferimos no haber dicho, alguna promesa incumplida, algún te amo o algún abrazo que nos faltó dar.

Ese algo que sabemos que ya no podremos dar o recibir es ahora el motivo de nuestro duelo. Es importante reconocerlo para poder trabajar en eso, liberarlo y seguir adelante en nuestro proceso de sanación.

Hoy en día existen infinidad de técnicas para cerrar los ciclos que abrimos en nuestra vida, para concluir esas conversaciones que nunca pudimos terminar, para decir lo que no pudimos decir, para perdonar o para agradecer. Estas diferentes herramientas de trabajo van desde utilizar la energía de la escritura (escribir cartas) para liberar eso que tenemos apretado en el pecho, la conocida silla vacía, donde sentamos imaginariamente a la persona que ya no está y le decimos lo que nos faltó decir, hasta las constelaciones familiares que son tan populares en estos días.

Yo hice mucho el ejercicio de la silla vacía. Lo hacía mientras manejaba; es decir, sentaba en el asiento del copiloto a la persona con la que quería terminar alguna conversación pendiente o decirle algo que no me atreví a decir a la cara y, mientras manejaba, tenía las charlas más sanadoras de mi vida. Me valía de la ventaja de que nuestro inconsciente es inocente y no distingue entre lo real y lo irreal. No necesitamos tener a la persona en frente para drenar o dejar ir lo que ya no queremos seguir cargando. No importa si se lo decimos al espejo, a la silla vacía o lo escribes en una carta que nunca enviarás. El punto es que lo dijiste y te lo sacaste de adentro. Una vez que sacaste todo eso que te está contaminando, puedes comenzar a sanar y a reconstruir tu vida.

Anteriormente mencioné algo sobre la ley de la conservación de la energía, pero ¿sabes de qué se trata? Esta ley afirma que la cantidad total de energía en cualquier sistema físico aislado (sin interacción con ningún otro sistema) permanece invariable en el tiempo, aunque dicha energía puede transformarse en otra forma de energía. En palabras más sencillas, la energía no se crea ni se destruye, solo se transforma.

Si una persona muere, si acaba el sentimiento de amor por alguien al que ya no se verá más, si nos quedamos sin trabajo, si perdemos a nuestra mascota, si tenemos que mudarnos de ciudad o tuviste que vender una casa: todo esto que sientes es energía que se expresa en pensamientos que, a su vez, se transforman en emociones. Esta energía no desaparecerá. La solución es aprender a transformarla en pensamientos que desencadenen una emoción más fuerte que no te desanime, destruya, contamine o baje el ánimo. Una que te permita adaptarte a los nuevos tiempos que estás viviendo.

Más adelante te voy a dar algunos consejos para que vivas tu duelo desde una perspectiva diferente y aprendas a vivir de nuevo con tu nueva realidad.

Sin embargo, te adelanto algunos *tips* o herramientas para que vayas calentando los motores.

Si estas atravesando por un duelo por muerte, hazte esta pregunta: ¿cómo quisiera (llena el espacio en blanco con el nombre de la persona fallecida) ___________________________ que yo viviera mi vida?

Te dejo unas líneas para que las completes con la respuesta que crees que recibirías de tu ser querido fallecido.

____

____

____

Seguro coincidimos en pensar que tu persona amada te diría: vive tu vida, sigue adelante, aprovecha cada segundo, sé feliz, no dudes de ti, no permitas que nadie te diga que no eres capaz, vive, vive, vive y sonríe.

Tienes que saber que no se trata de superar lo qué pasó. Jamás vas a superar a esa persona que se fue y que tanto amabas. Se trata de que aprendas a vivir nuevamente sabiendo que la energía de esa persona que se fue sigue contigo. Dependerá de ti lo que quieres hacer con esa energía. Es tu decisión si quieres convertir esa energía en algo tóxico o si quieres que esa energía te acompañe y se convierta en esa gasolina o alimento que te nutra de alguna manera.

¿Cómo aprendemos a vivir con esa energía? ¿Cómo honramos a esa persona que se fue? Te dejo una lista de actividades que puedes realizar cuando sientas que es el momento correcto.

Pregúntate qué cosas le gustaba hacer a esa persona. Puedes honrarla y, de esta manera, seguir teniéndola en tu vida haciendo algunas cosas que a ella le gustaría.

Por ejemplo:

- Ten un día al mes para preparar su comida favorita.

- Usa alguna prenda de vestir de esa persona.

- Visita sus lugares favoritos. Puedes dejar flores en esos lugares, tener una pequeña meditación, leer un libro o simplemente cerrar los ojos y recordarla.

- Sonreír y agradecer cada vez que te acuerdes de esa persona.

- Recordar algo que te haya enseñado y agradecerlo.

Te invito a que encuentres tus propias maneras de honrar a esa persona amada y de seguir creando, con su energía, momentos maravillosos para ti desde el amor y el agradecimiento por todo lo vivido.

Canción 1: Al ladito de Dios

Esta canción habla de lo que sentimos al perder a un ser querido, de todos los te quieros, los besos y abrazos que le daríamos si estuviera con nosotros nuevamente. Con esta canción, quisiera hacer un llamado de atención acerca de la idea de aprovechar el tiempo al máximo con nuestros seres amados mientras estemos juntos. Todos vamos a morir algún día, pero la despedida podría ser más dulce si sabes que le has dado todo tu amor a esa persona y has aprovechado el tiempo juntos. Ahora mismo, ve y dile a esa persona especial que la amas, abrázala y disfruta el momento. No esperes a después, porque podría ser demasiado tarde.

https://bit.ly/31i9fRK

Los niños y el duelo

La muerte de un ser querido o de una mascota, el divorcio, la separación, la mudanza y el cambio de colegio son las causas más comunes del duelo en niños.

Lo primero que hay que tener en cuenta es que cada experiencia que vivan nuestros hijos es una oportunidad para nosotros, como padres, de darles las herramientas para resolver sus problemas o situaciones de vida. Estas herramientas las usarán desde el momento en que se las demos hasta siempre. De allí la importancia de la calidad de lo que les dejemos.

Lo que les digamos, aconsejemos, la forma en que se lo planteamos y el ejemplo que les demos con nuestras acciones y reacciones contribuirá en su forma de entender lo que les sucede, en cómo afrontarán el día a día. Solo así escogerán los lentes que usarán para ver el mundo.

Me gusta pensar que cada ser humano tiene una "maleta con herramientas" que sus padres y el entorno en que vive (familiares, cultura, religión, país, etc.) han empacado para ellos. Vale la pena resaltar que estas herramientas (hablando específicamente de las que empaquen los padres), en su mayoría, han sido empacadas con amor y con las mejores intenciones. Al fin y al cabo, no hay una escuela donde se enseñe a ser padre. Se hace lo mejor que se puede.

Hay dos formas de aprender las lecciones que la vida nos quiere dar: una es como lo hacemos la mayoría de nosotros; es decir, por los golpes de la vida, del dolor y el sufrimiento que estos nos causan; y la otra es desde el agradecimiento y la felicidad. Normalmente, no es si no después del primer golpe que despertamos y nos hacemos conscientes de nosotros mismos. Sin embargo, algunos de nosotros volvemos a dormir y seguimos recibiendo golpe tras golpe. A otros les es suficiente con el primer sacudón, y de allí en adelante se dedican a buscar las respuestas para sentirse mejor, aprender, crecer, evolucionar y vivir siempre con los ojos bien abiertos. No se arriesgan a que otro puñete los sorprenda distraídos.

Estas herramientas que les empacamos a nuestros hijos en su maleta de vida son de dos tipos:

Herramientas constructivas: sirven para construir características positivas de la personalidad. Estas se encargarán de sus relaciones interpersonales, de cómo afrontar las experiencias. Algunas de estas herramientas se empacan cuando les enseñas a ser pacientes, amorosos y comprensivos; cuando los ayudas a construir su autoestima y les das conocimientos sobre sí mismos, sobre cómo gestionar sus emociones y sentimientos; cuando los ayudas a organizar sus formas de pensar (de autosaboteadoras y autodestructivas a positivas y constructivas); cuando les proporcionas consejos y formas de solucionar problemas con ideas, ejemplos y comportamientos. Recuerda que los niños aprenden con el ejemplo.

Herramientas de aprendizaje (lamentablemente aprendizaje a través del dolor): también son conocidas como los golpes de la vida, ya que con estas aprenderán lecciones importantes que los ayudarán a madurar, crecer y evolucionar. Este tipo de herramientas se empacan automáticamente en la maleta de tus hijos cuando les das malos tratos, gritos, impaciencia, desvalorización, comparaciones, violencia (psicológica, física y verbal), falta de apoyo y peleas; cuando les enseñas a resolver sus conflictos de forma reactiva o les muestras un mundo donde solo hay atacantes y atacados, víctimas y culpables, etc.

Ambas herramientas serán utilizadas por nuestros hijos en el transcurso de sus vidas a su mejor criterio.

Te pregunto entonces: Si tienes la oportunidad de empacar una maleta para tus hijos llena de herramientas útiles para su vida, ¿qué empacarías? ¿Cuán responsable eres de lo que hay en esa maleta? ¿Qué aprendizajes quisieras que tus hijos tengan? ¿Qué recuerdos? ¿Qué experiencias? ¿Qué palabras enseñarías? ¿Qué costumbres dejarías allí guardadas? ¿Qué creencias? La verdad es que este tema es un gran punto de partida para pensar y analizar bien cuál ha sido nuestro trabajo hasta ahora. ¿Qué cambiaríamos y haríamos diferente si tuviéramos la oportunidad?

Es importante saber que cada palabra que digamos, cada pensamiento que expresamos, cada forma de reaccionar ante la vida, cada mirada y cada gesto quedará grabado en el disco duro de nuestros hijos y condicionará su vida para bien o para mal. Ten en cuenta que entre los 0 y los 6 años de edad es cuando se encuentran en un estado de ondas cerebrales llamado *theta*; es decir, estado de hipnosis donde todo lo que le digan sus figuras de poder será aceptado sin chistar. En este tiempo no importa si no quisiste decir lo que dijiste, si no fue tu intención, si pides disculpas luego de haber reaccionado de una forma escandalosa ante alguna situación de tu vida, etc.

Todos los actos de los padres traen una consecuencia en los hijos. Es como cuando un plato se quiebra, siempre podrás volver a pegarlo, pero allí estarán las grietas que recordarán lo ocurrido. Entonces ¿para qué romper algo para luego pegarlo? ¿No sería mejor darles a nuestros hijos las herramientas que les sirvan para evitar romperse tanto por el camino? Suena hermoso, ¿verdad?

¿Para qué te digo todo esto? Es bien sabido que experimentar la muerte de un familiar querido es una situación que nos duele a todos lo que la vivimos, pero, lamentablemente, hay que tener claro que las oportunidades más poderosas de aprendizaje se dan en momentos de sufrimiento y estrés. Pocas veces se enseñan cosas valiosas en momentos de felicidad plena. Como dice el dicho: "el marinero no se hace en aguas calmadas".

Tendrás que armarte de valor, ya que si quieres empacar algo valioso en esa maleta debes dejar a un lado tu sufrimiento y, por un momento, tan solo enfocarte en reconocer la importancia de este momento clave. Esto quiere decir que debes hacerlo justo es ese momento donde sembrarás la semilla de ese buen fruto. Recuerda que así como se viva en casa la situación, así aprenderán tus hijos a afrontar siempre los momentos dolorosos y estresantes de sus vidas. Este es un momento clave para la vida de tus hijos y quién mejor que tú para guiarlos.

Si ahora mismo estás viviendo un duelo por la muerte de un ser querido o una mascota y tienes hijos o niños pequeños cercanos a ti viviendo esta experiencia, lo que te puedo decir es que siempre es mejor mantener la calma y conversar con ellos. Vivir la situación de forma que sirva para unirse aún más y no para quebrantar las relaciones. Muchas de estas dolorosas experiencias más que acercarnos unos a otros terminan desintegrando familias amorosas.

Integrar a todos los miembros, conversar, compartir sentimientos, saber cómo se sienten, validar el dolor de todos y decidir cómo vivir la experiencia es primordial en momentos difíciles. Es en estos momentos donde se pone a prueba lo aprendido, las herramientas de fortaleza, de comprensión, de apoyo y de solución de problemas, ya que en los momentos felices de la vida te dedicas a disfrutar y agradecer.

Otra de las claves es siempre hablar con la verdad. No subestimes el entendimiento que los más chicos puedan tener en momentos como estos. Muchas veces esta misma inocencia y poca experiencia en estos asuntos, normalmente, hace que nos sorprendan con las mejores soluciones y comprensiones.

Los niños pueden comprender la verdad y sería casi una agresión ocultársela; además, estarías evitándole un momento de aprendizaje bajo tu amorosa guía. Por supuesto, siempre hablar con la verdad en un nivel adecuado a su edad. Los niños entienden la situación mejor si se les habla con la verdad.

Este *tip* es aplicable obviamente para todo en la vida, pero tiene un valor poderosísimo en situaciones de muerte de algún ser querido, una mascota, divorcios y separaciones.

¿Cómo sería hablar con la verdad y que sacarías de esto? Pongo como ejemplo algunas de las mentiras que algunos padres les han dicho a sus hijos: tu pez se fue de fiesta y conoció a una linda pescadita, se casaron y por eso no volverá; tu abuelo se fue a un viaje y donde está no hay teléfonos, así que no podrá llamarnos por un tiempo.

En lugar de decirle que la mascota se fue de fiesta o que el ser querido se fue de viaje, serviría más una buena conversación sobre la muerte sin tabúes. Una conversación acorde con la edad del niño o la niña te ayudará a conocer a tus hijos, saber qué piensan de la situación, saber cómo se sienten, cuál es su forma de ver la muerte, expresar sus sentimientos y, de esta forma, los podrías ayudar mejor a transitar la experiencia. Les estarías enseñando a vivir y a enfrentarse de una forma sana a las circunstancias inevitables de la vida y no privándolos de las experiencias que tarde o temprano tendrán y que definitivamente al no tener precedentes no sabrán cómo vivir.

Una muerte es una oportunidad de aprendizaje. Qué mejor que enseñarles a nuestros hijos el fluir natural de la vida sin miedos y sin traumas. ¿Qué mejor regalo de vida podríamos darles?

Recuerdo cuando murió nuestra mascota, un hermoso gatito gris llamado Archivaldo Farfalle (se ganó su segundo nombre porque cada vez que comíamos *farfalle* enloquecía y no paraba de maullar e intentar treparse a nosotros hasta conseguir un pedacito de pasta). Nuestro amado gatito murió de una forma trágica e inesperada debido al descuido de una persona que trabajaba para nosotros en casa.

El accidente ocurrió mientras mis hijos estaban en la escuela. Llegué a casa y recibí la terrible noticia. Quedé en *shock* y me afectó muchísimo. Archivaldo tenía poco tiempo con nosotros, pero ya era parte de la familia. Lloré mucho durante todo el día, me embargó la tristeza y un vacío inmenso se apoderó de mi corazón. Mientras pensaba cómo iba a afrontar esta situación con los niños, recordé una frase que me ha servido de mucho en mis momentos difíciles: "de todo lo malo se saca un aprendizaje". Entonces, supe lo que tenía que hacer cuando llegaran mis hijos. ¿Qué? Aprovechar el momento y dejarles una lección de vida.

Al llegar mis hijos del colegio y darles la noticia tuve dos reacciones completamente diferentes de cada uno de ellos, y al final un aprendizaje valiosísimo. Mi hija inmediatamente me abrazó y lloró desconsolada.

Sin embargo, mi hijo tuvo una de las reacciones más extrañas e inesperadas que había presenciado: me vio y se rio. Yo, a pesar de haber estudiado acerca de este tipo de reacciones y de saber que son involuntarias y son efecto de los nervios, entre otras cosas, me sorprendí porque nunca la había vivido en carne propia.

Esta reacción me hizo entender que estaba frente a un niño al que le costaba expresar las emociones que lo hicieran sentir vulnerable.

A pesar de que lo primero que me pasó por la mente fue regañarlo, ya que tenía tatuado en el cerebro que esta reacción no es acorde con la noticia, tuve la capacidad de poner en pausa la situación y pensar en grande.

La *coach* que vive en mí tomó el control, me sequé las lágrimas y supe que era momento de "empacar en la maleta" de mis hijos, y en la mía, una buena herramienta para la vida. Con mucha calma, conociendo a mi hijo y sabiendo que es un niño de muy buenos sentimientos y que amaba a Archivaldo, le pregunté de forma cariñosa: ¿Qué te hace reír? ¿Cuéntame qué estás pensando? ¿Cómo te sientes? Y luego de varias preguntas y respuestas de su parte le dije: ¿sabes que puedes llorar todo lo que quieras, que aquí estamos contigo para llorar juntos y que llorar no te hace débil? No había ni terminado de hablar cuando mi hijo comenzó a llorar, se permitió sentir y expresar su vulnerabilidad, drenó y dejó ir el dolor fuera de él.

Todos nos abrazamos y lloramos juntos. Ese día creamos un lazo fuerte entre nosotros. Mis hijos entendieron que podíamos contar los unos con los otros en un momento de dolor y contenernos. Así lo hicimos: lloramos abrazados, tumbados en la cama por horas.

También nos dimos un tiempo para hablar de la muerte. Aprovecharon para hacer preguntas sobre adónde había ido el cuerpo del Archivaldo y adónde su alma; si iba al mismo lugar de los seres humanos que mueren o tenían un cielo solo de animales; si podrían tener otro gato o sería como traicionarlo; hablamos del miedo que les daba tener otro gato y la posibilidad de que le pasara algo igual. Este momento nos permitió crecer, crear lazos y recuerdos, aprender sobre la vida y cómo funciona, expresar nuestros miedos, saber que contamos con la familia, entre muchas otras cosas.

Nada de esto hubiera pasado si les hubiera dicho que el gatito se había ido de paseo; es decir, si les hubiera mentido. Si en lugar de entender que cada ser humano reacciona diferente ante este tipo de eventos, hubiera juzgado y regañado a mi hijo; si hubiera confundido su vulnerabilidad con insensibilidad, me hubiera perdido la oportunidad de conocer a mi propio hijo y guiarlo en su camino emocional que es tan importante en nuestras vidas. Nada de esto hubiera pasado si me hubiera escondido del momento y si no me hubiera permitido vivirlo.

Otra cosa importante a tomar en cuenta en momentos de pérdida es asegurarse de que el niño no crea que es por su culpa que ocurrió esta muerte o divorcio. Lo que pasa con el sentimiento de culpa en los niños es que, normalmente, reciben constantes mensajes de causa y efecto; es decir, si te comes toda la comida, mami estará feliz; si ordenas tu cuarto, papi se alegrará; si sacas buenas calificaciones en el colegio, nos sentiremos orgullosos de ti.

Entonces el mensaje reforzado es: "Nosotros como padres estaremos felices si tu como hijo haces algo que nosotros aprobamos. Y estaremos tristes o enojados si haces algo que nosotros como padres desaprobamos".

Si alguien muere o hay un divorcio y los padres están tristes o enojados es normal que ellos piensen que tal vez sea por algo que ellos hicieron o no hicieron. Si los padres están devastados y llorando por toda la casa es lógico que los niños piensen que pueden ser responsables de eso. ¿Ves la importancia de que esto quede claro?

Sentarnos a conversar muchas veces y aclararles esta duda constantemente permitirá que tanto los hijos como los padres vivan esta dolorosa situación de una forma más constructiva.

Una mudanza representa para la gente que la vive una pérdida de cosas, lugares y personas que no volverás a ver. Es enfrentarte a la incertidumbre, es sentir miedo.

CAPÍTULO 5

Duelo por mudanza y cambio de colegio

Puedes estar viviendo un proceso de duelo por una mudanza de casa o de país; y, además, el duelo por cambio de colegio si hay niños en la casa.

No es común pensar que este puede ser un motivo de duelo, porque siempre relacionamos duelo con una situación extremadamente dolorosa como la muerte. El problema es que si no reconocemos esta situación como un duelo no lo podremos atender como es debido. Vivimos en sociedades donde se menosprecia lo que sienten las personas, sobre todo, cuando las razones parecieran no ser de peso como es el caso de una mudanza o un cambio de colegio.

Consideramos que llorar o sentirse triste por mudarse de una casa a otra o de un país a otro o cambiar de colegio es una debilidad e incluso, a veces, se pensaría que si la persona se queja sería malagradecida con la vida ya que estos cambios podrían ser vistos como algo bueno o en realidad representar un paso adelante para los que lo viven la situación.

Yo he tenido la hermosa oportunidad de mudarme más de diez veces de casa y haber vivido en tres países diferentes. Para mí, las primeras veces fueron todo un duelo, no voy a negarlo. Tuve primero que comprender lo que estaba viviendo, encontrarme con ese dolor que significaba para mí perder algo que quería: cosas materiales, amigos, familia, calles, lugares, costumbres y muchos recuerdos. Tuve que reconocer lo que pasaba dentro de mí, darle un espacio a mi dolor y aprender a vivir con mis emociones y sentimientos, y luego buscar herramientas para superarlo y sentirme bien.

Recuerdo mi primera mudanza de país. Ya me había mudado tres veces de casa en Venezuela, pero nunca de un país a otro. Estaba en negación total. Mi esposo fue contratado para un trabajo en Panamá, un trabajo que se supone duraría solo dos años. Yo no quería mudarme por muchas razones: mi primer hijo estaba muy pequeño, mi segunda hija acababa de nacer, tenía que dejar a mi madre que era mi compañera inseparable ya que siempre estábamos juntas y, además, acabábamos de comprar y remodelar nuestra casa soñada donde se suponía íbamos a vivir y crear recuerdos para toda la vida.

Así que mi pensamiento era "jamás me voy a ir de aquí, ni loca, eso no va a ocurrir nunca". Incluso hice un viaje de reconocimiento a Panamá: una persona me mostró la ciudad con un gran paseo y, muy gentilmente, me invitó a la boda de su hija que sería en unos meses, luego de mi supuesta mudanza. Lo único en lo que pensaba era "esta señora está gastando sus palabras porque yo no me voy a mudar, mucho menos estaré para la boda de su hija". Sin embargo, así sin más y sin poder evitarlo llegó el día de la mudanza a un nuevo país. Al llegar a Panamá me vi sin mamá, sin amigas, sin familia, sin mi casa, sin mis cosas, con dos niños pequeños, un esposo muy ocupado por el nuevo trabajo y mi corazón completamente destrozado. Era muy infeliz y lloraba sin parar. Recuerdo que paseaba como fantasma por aquella casa vacía sin muebles, sin recuerdos, y trataba de ocultar mi tristeza a mis hijos y esposo para no dañar la experiencia. Me sentía muy sola, sin ganas de nada, sin propósito. Estaba de duelo y no lo sabía.

Una mudanza representa para la gente que la vive una pérdida de cosas, lugares y personas que no volverás a ver. Es enfrentarte a la incertidumbre, es sentir miedo y yo sentía mucho miedo.

Luego de llorar, patalear, quejarme y ver todo muy malo por un tiempo, mi mamá me hizo ver que tenía dos opciones (para mí este momento fue crucial en mi vida): o vivir esta experiencia alegre y feliz aprendiendo de todo o vivir triste y amargada. Eso me hizo despertar y comprender que debía dejar el papel de víctima, soltar el miedo y ver esta mudanza como un regalo de la vida, salir a disfrutar de un hermoso país que me recibía con los brazos abiertos.

Eso hice: me enamoré de la vida nuevamente, de esa casa vacía donde ahora no tener muebles se había convertido más en una ventaja que en una pena, porque con los niños podíamos correr y jugar por toda la sala como si fuera un campo de futbol. Superé mi duelo por decisión propia, decidí ver el vaso lleno, *full*, desbordante. Asimismo, comprendí que no es lo que te pasa si no cómo lo afrontas.

Sin embargo, ocho años después, muchas experiencias de felicidad, muchos logros y toneladas de gente querida, además de cuatro mudanzas más de casas en el intermedio, nuevamente la vida me volvía a mover a otro país. Mi esposo fue contratado para una compañía en Perú y la historia se repetía.

Al principio me negué rotundamente a irme. Recuerdo que decía "solo muerta me voy de Panamá", pero comprendí que las lecciones se viven para aprenderlas y no para repetir los errores. Esta vez hice una mudanza consciente y feliz. Decidí abrazar esta experiencia como una nueva aventura. Así se la hice vivir a mis hijos. Siempre con alegría y agradecimiento. Tenemos en Perú ya cuatro años y tres mudanzas a diferentes casas, y cientos de lecciones valiosísimas para toda la familia que no cambiaríamos por nada.

Viví muchos duelos al dejar cada casa y cada país, pero gané muchos aprendizajes que no tienen precio. Logré trabajar el desapego, la idea de que es fácil volver a comenzar de nuevo de cero si así lo crees, saber que todo en la vida se acaba, pero que siempre hay un nuevo comienzo, que cuando abres tus brazos y abrazas la vida ella también te abraza y ese abrazo siempre viene colmado de regalos.

Estas experiencias me han dado la oportunidad de superar tantas cosas, de fortalecer lazos con mi esposo, un hombre maravilloso que desborda amor. Mis hijos han tenido la oportunidad de aprender que las cosas vienen y van, han aprendido a amar lo que tienen y a no vivir en el apego.

Los cambios de colegios de mis hijos han sido una oportunidad para enseñarles que la vida puede ser muy cambiante y que la incertidumbre, a veces, es lo único seguro. Han aprendido a amar cada momento presente, porque al fin y al cabo es el único "lugar" donde se puede amar. Conocer a mis hijos y poderlos guiar en su proceso de crecimiento ha sido de gran valor.

Hemos descubierto que el hogar no es un lugar físico, sino un grupo de personas que se aman y apoyan y que no importa bajo qué techo duerman siempre y cuando estén juntos.

Un cambio de colegio se tiene que acompañar de un ambiente amoroso y seguro en casa. Cuando no brindamos a nuestros hijos espacios seguros de comunicación, estos no encontrarán vías de escape a sus preocupaciones, vivirán estresados sin saberlo y esto los llevará a sentir frustración, mal humor, inseguridad, tristezas y rabias. Esto los llevarán a tener un desempeño poco satisfactorio como estudiantes, pero también en sus relaciones interpersonales y como consecuencia de esto más frustración. Vivirán en un círculo tóxico de malestar sin saber cómo salir de allí.

Aun cuando el duelo por mudanza no dura mucho tiempo, el aprendizaje es muy poderoso. Si logras ver detrás de las lágrimas y el vacío, te encontrarás con el maravilloso agradecimiento. Hay que agradecer a ese nuevo lugar donde tienes la oportunidad de crear una hermosa vida y fantásticos recuerdos, agradecer a ese gran país que te abre los brazos, su gente, sus sabores, sus climas, sus costumbres.

En mi caso ha sido una bendición poder caminar por las calles de Panamá y Perú, poder ser parte de estas mágicas culturas y sentirme abrazada y bienvenida por cada par de ojos que me he cruzado por el camino. Debemos ser capaces de dejar el traje de víctima fuera del ropero y no buscar culpables nunca más ya que no hay nada que lamentar y más bien mucho que agradecer. Todo pasa por alguna razón. Si consigues el regalo oculto en el aprendizaje, pones un *check* en la experiencia, la trasciendes y la integras.

Como decía antes, la vida no es lo que te pasa si no cómo ves y vives lo que te sucede. Si entonces tienes la oportunidad de escoger entre lo positivo y lo negativo, ¿por qué escoger lo que no te suma, lo que no te hace sentir bien, lo que te llena de estrés y te destruye?

Si decides no escuchar a tu cuerpo, este encontrará la forma de hacerte llegar el mensaje.

CAPÍTULO 6

Duelo por enfermedad: su verdadero significado

La enfermedad es otra situación a la que la mayoría de personas le teme. ¿Cómo poder verla como una oportunidad de crecimiento si lo que produce en las vidas de las personas que la padecen es dolor, incertidumbre y terror?

La enfermedad no es más que tu cuerpo avisándote que tienes algo que reparar, una situación pendiente a la que no le has prestado atención, un ambiente emocional tóxico. No es una enemiga, todo lo contrario. Es una mensajera cuyo mensaje puede realmente salvarte la vida.

Si te fijas bien, cada parte de tu cuerpo te muestra una situación de vida que contiene una emoción por sanar; entonces, la enfermedad sería tu mapa de ruta para encontrar aquello que no has podido solucionar.

En lugar de vivir como víctima o de perderte en la enfermedad misma, busca qué parte del cuerpo te habla para que te sea más fácil comprender qué te está queriendo decir esa dolencia. Encuentra el mensaje oculto que solo tú puedes descifrar. No caigas en la conducta de culpar a tu cuerpo. No caigas en maldecir tu suerte. No pierdas el tiempo sintiendo lástima por ti. Comprende que eres un milagro y que tu cuerpo está funcionando mejor que nunca. Solo tienes que escucharlo, porque te está hablando.

En vez de sentir tristeza por tu pérdida de vitalidad o de movimiento o, incluso, de buscar culpables por lo que estás viviendo, descodifica ese mensaje que te está dando tu cuerpo. Él te ha estado hablando de muchas otras formas y no has estado escuchando.

Utiliza tu energía para enfocarte en reconstruirte, en crearte, en sanarte, en limpiarte, en desintoxicarte, en comprender qué hecho o hechos causaron la necesidad de que tu cuerpo tuviera que manifestar ese síntoma para que tú pudieras entender que algo no está bien en tu vida. A partir de esa comprensión, comienza a sanar y a perdonar. Comienza de nuevo. Atrévete.

Las enfermedades no son lo que nos han enseñado, no son castigos ni algo que nos sucede por mala suerte. Las enfermedades no tienen que terminar en muerte; todo lo contrario, ellas traen la oportunidad de un nuevo nacimiento, una nueva comprensión, un nuevo comienzo, un nuevo tú.

Las enfermedades si sabemos interpretarlas son nuevos caminos a nuevas respuestas que nos harán cambiar aquello que ya no nos funciona como método para vivir. Abraza tu cambio y míralo como una oportunidad de experimentar, de integrar, de sanar, de transcender y de vivir, realmente vivir.

Si decides no escuchar a tu cuerpo, este encontrará la forma de hacerte llegar el mensaje.

Muchas personas que logran sanarse, al verse curados, olvidan todo por lo que han pasado y vuelven a sus antiguas formas de vivir, sus vicios, sus mismas formas tóxicas de expresarse, de guardarse sus sentimientos, de callarse sus emociones, de anularse, regresan a sus patrones autodestructivos de pensamiento, etc. No se dan cuenta, pero crean nuevamente el estilo de vida que les ocasionó el malestar.

Entonces, sin miedo, sin duda y entregándote a esa inteligencia que habita dentro de ti y que sabe lo que hace, escucha nuevamente su mensaje y pon en marcha los cambios que sabes que tienes que hacer.

Tú mejor que nadie sabes lo que no puedes digerir. Debes reconocerlo para que ningún órgano de tu sistema digestivo tenga que enviar más mensajes.

Tú mejor que nadie sabes si tu inflexibilidad o tu extrema flexibilidad en tus asuntos y relaciones te está causando problemas en tus huesos, articulaciones y músculos. Qué situaciones fracturan o luxan tus huesos. Qué desvalorizaciones han debilitado tus estructuras óseas, qué pequeños detalles de tu vida diaria hacen doler tus dedos. Qué abrazos que no entregaste perturban tus brazos. Qué diste o dejaste de dar que molesta a tus manos.

Tú mejor que nadie sabes qué situaciones de autonomía o tus creencias de incapacidad como individuo no has podido resolver y te causan dolores de cabeza o migrañas. Qué están viendo tus ojos que te niegas a reconocer o cambiar y te provoca impedimentos visuales.

Tú mejor que nadie sabes de qué situaciones te está protegiendo tu piel y las razones de sus cambios y síntomas.

Tú mejor que nadie sabes lo que has estado callando, sácalo para que tu garganta no duela más.

Si buscas bien, tú mejor que nadie sabes si el amor, la alegría y la confianza ya han dejado de navegar por tu sistema circulatorio.

Tú mejor que nadie sabes de qué formas se ha visto afectada tu feminidad o masculinidad y cómo esta pérdida de equilibrio puede afectar a tu sistema reproductor.

Tú mejor que nadie sabes si te sientes cómodo con el territorio que habitas y sientes como tuyo o si, por otro lado, tu cuerpo a través de tu sistema excretor o glandular te está contando que hay algo que decir o reparar.

Tú mejor que nadie sabes lo que tienes que perdonar, dejar ir, soltar. Tú mejor que nadie sabes que esa rabia, rencor, tristeza que llevas dentro solo te mantendrá en incoherencia.

La incoherencia trae la enfermedad, así que pon en orden tu vida, que todo lo que digas, hagas y sientas esté en equilibrio.

Si tienes alguna enfermedad y quieres investigar específicamente sobre tu dolencia, hay muchísimos libros que puedes consultar, pues tocan estos temas con mayor profundidad.

CAPÍTULO 7

Duelo por divorcio o separación

En este capítulo* me voy a extender un poco más, ya que es una de las experiencias de dolor y sufrimiento más vividas por la mayoría de los seres humanos hoy en día. La ruptura amorosa es todo un clásico. Y tiene el poder de dejarnos destrozados, porque pensamos que perdemos a nuestra pareja, a la que creemos nuestra alma gemela.

A diferencia del duelo por muerte, esta es una experiencia que para muchos resulta curiosamente más difícil de superar. Te explicaré el porqué de esa creencia.

Cuando una persona muere, la que sigue viviendo sabe que no la volverá a ver y pierde las esperanzas; sabe que ya no existe ninguna posibilidad que involucre a esa persona. Sin embargo, cuando hay un divorcio o una separación, la persona de la que nos separamos sigue viva, la seguimos viendo, incluso tenemos en algunos asuntos por los que seguir en contacto con ella: hijos en común, trabajos, propiedades u otras cosas que hay que seguir atendiendo juntos.

---

* Aún cuando no estés viviendo un duelo por separación o divorcio, te recomiendo leer los capítulos del 7 al 12 ya que encontrarás material útil para aplicar en cualquier circunstancia.

Saber que la persona sigue en este mundo, en algunos casos, hace que las esperanzas de volver a juntarse sigan vivas o, en otros casos, podría más bien representar una molestia por el hecho precisamente de tener que seguir viéndose.

Para poder encontrar el camino de salida de este dolor y sufrimiento, o lo que llamamos el camino de sanación, no podemos confiar solo en el tiempo y depender de la típica frase "el tiempo lo cura todo". Estarías perdiendo ese tiempo precioso y ¿quién quiere sufrir por gusto sabiendo que hoy en día hay miles de caminos que podemos recorrer y que nos ayudarán a sentirnos mejor?

Con este libro intento guiarte por esos caminos hacia tu mejoría a través del conocimiento. Recuerda que el conocimiento es poder, pero el conocimiento sobre ti mismo es el verdadero empoderamiento.

Entonces, lo primero es entender cómo funcionamos física y mentalmente. Es importante conocer esta "máquina" maravillosa que somos. Saber cómo funcionamos nos ayudará a vivir la experiencia de manera más consciente y no desde la inconsciencia, dormidos, como zombis. Si no estamos atentos a nuestra vida, estaremos encerrados dentro del círculo del dolor y el sufrimiento y no podremos encontrar la puerta de salida. Por eso, trataré de explicarte de una manera sencilla y práctica algunos conceptos que serán de mucha utilidad para poder entender por qué pensamos, sentimos, actuamos y vivimos de la forma en que lo hacemos. De esta manera, puedes comenzar a activar todos los cambios convenientes para tu bienestar.

Todo lo que hablaremos en este capítulo es igualmente aplicable para cualquiera de los otros motivos de duelo.

Déjate guiar y disfruta del camino.

Conociendo cómo funciona nuestra máquina

Imagina que ahora mismo tocan la puerta de tu casa y, al abrirla, te dicen que has ganado un carro nuevo, pero con el pequeño detalle de que ese carro no es de este planeta. El carro viene de Júpiter y su tecnología es muy diferente a la que conocemos. De todas formas, no ves ningún problema, tomas las llaves y te vas corriendo a admirar tu premio con la intención de salir a celebrar en él. Al subirte al auto, te das cuenta de que no sabes cómo ponerlo en marcha. Claro, no es un carro común, pero nada te detiene: buscas el manual, lo lees rápidamente sin pensarlo mucho y te pones en marcha. Andas un par de kilómetros entre frenazos y piruetas y *crashhh* lo chocas. Fue un golpe pequeño, nada grave, pero te das cuenta de que no puedes ponerlo en marcha otra vez. Tú, por otro lado, quedaste golpeada y con dolor y, debido a este accidente, piensas que mejor es aprender a usarlo antes de volver a salir en él.

Cuando no sabes cómo funciona una máquina es muy difícil ponerla a andar, ¿verdad? Lo mismo pasa contigo y con tu cuerpo físico y mental, las máquinas más maravillosas jamás creadas. Si no las conoces ni sabes su funcionamiento, no podrás recorrer el camino de la vida sin accidentarte.

Para entender un poco por qué estamos viviendo lo que estamos viviendo y poder encontrar el camino de salida, tenemos que conocernos, saber quiénes somos, identificar cuál es nuestra forma de pensar. Tenemos que reflexionar sobre por qué pensamos de la forma en que lo hacemos.

Debemos saber que la mayoría de nuestros problemas comienzan con un solo pensamiento y a partir de este conocimiento comenzar a trabajar con ellos. Es imperativo que sepas que tus emociones dependen de esos pensamientos y que por eso debes aprender a controlarlos para poder gestionar así tus emociones y sentimientos. Estas te guiarán en el proceso de toma de decisiones y te llevarán, en consecuencia, por el camino de siempre.

Saber cómo funcionamos nos evitará terminar siempre en el mismo lugar, pensando lo mismo, cometiendo los mismos errores y llorando por las mismas cosas. Entonces, es importante que sepas que tenemos entre 60 y 70 mil pensamientos al día y que la mayoría de ellos son los mismos todos los días. ¿No crees que si tienes los mismos pensamientos estos te harán sentir lo mismo cada día?

¿Ahora comprendes la importancia de controlar tus pensamientos y de saber manejarlos para encontrar un camino diferente que te traiga mejores experiencias? Tomar la decisión de conocernos nos permitirá retornar a nosotros, desde adentro y desde nuestros tejidos más profundos. Ahí encontraremos las respuestas y comenzaremos a sanar. Retomar ese amor pleno que sentíamos por nosotros mismos antes de que nos dejáramos cubrir con la densa capa de este plano físico y olvidáramos todo el camino recorrido.

No te preocupes. No te voy a aburrir con palabrotas complicadas ni te voy a dar una clase de química o biología. Sé que si estás leyendo este libro es porque quieres un cambio ya, inmediato. Sé que tal vez no la estás pasando tan bien en estos momentos y es por eso mismo que quiero ser lo más concisa posible para que encuentres *tips* y herramientas que te alivien pronto. La idea es que demos un vistazo rápido al tema y nos asomemos por la ventana de atrás; sí, esa que da mira hacia nuestro interior. Te invito a tener una conversación sencilla como dos amigos tomando café.

Recuerda que actualmente el conocimiento está en todas partes, es gratis y fácil de encontrar. No tienes excusa para seguir en la ignorancia. Escogerla sería tu elección y solo a su lado conseguirías seguir siendo débil, vulnerable, propenso a malas experiencias sin una posible estrategia de superación.

Comienza desde ya a nutrirte con este festín de conocimientos que tiene la vida para ti, pero ten presente que si no pones en práctica esa información esta se perderá, se disolverá, se borrará y así como llegó la olvidarás. Más o menos sería como inscribirte en el gimnasio, no ir nunca y pretender conseguir las metas que te prometieron al inscribirte. El compromiso es tuyo y es contigo. Si no haces algo por ti ahora, nadie lo hará. Todos están muy ocupados viviendo y sobreviviendo en sus propias vidas.

¿Estás listo para conocer al maravilloso ser humano que eres?

Del feliz enamoramiento al triste duelo

Para poder evolucionar, crecer, ser mejores seres humanos cada día, el campo cuántico, Dios, el universo, la deidad o como quieras llamarlo, nos regala experiencias de aprendizaje. Normalmente estas experiencias nos parecen duras y dolorosas. Es como si alguien te diera una fuerte cachetada para que aprendas la lección de una vez y por todas. Como dice el dicho "nadie aprende por libro ajeno". Y la verdad es que suena lógico que la forma de aprender sea a los golpes, ya que nunca he sabido de alguien que aprenda alguna lección mientras está en su yate con una copa de champaña en la mano, ¿verdad?

La vida nos manda una experiencia que nos mueve y que duele, pero lo que hagamos con estas experiencias será la clave de nuestra evolución.

Entonces, las experiencias que más nos hacen crecer son las que más nos hacen sufrir, y casi siempre tienen que ver con nuestras relaciones de pareja. Esa persona que vive, duerme, come y tiene su ser a nuestro lado, con la que ya hemos pautado toda una "sesión de aprendizaje" desde antes de nacer, que nos ha roto el corazón y con quien nos hemos subido al ring de boxeo es nuestro gran maestro de vida. Hasta que no lo veamos de esa forma no podremos seguir nuestro camino de crecimiento.

Qué diferente sería nuestra vida si antes de rompernos en mil pedazos alguien nos hubiera explicado el verdadero sentido de estas experiencias. Estos momentos difíciles no tienen como objetivo destruirnos por destruirnos. El valor que tienen estas experiencias es justamente que ese gran golpe nos despierta de nuestro sueño, nos saca del programa y nos cambia de carril permitiéndonos ver la vida de otra forma y así evolucionar. Como cuando a un bebé, al nacer, le dan una nalgada para que despierte. Lo mismo nos pasa en el transcurso de nuestra vida: nos dan varias nalgadas para despertar.

Si alguien nos hubiera contado que es a través de esas experiencias de sufrimiento que vamos a crecer, creo que nos tomaríamos toda la experiencia con más calma y comprensión. Tal vez, antes de comenzar una relación nos preguntaríamos: a ver, ¿qué me vas a enseñar tú y que te toca aprender de mí? De esta forma, transitaríamos esa relación desde el amor y el agradecimiento.

¿Cómo podríamos ver estas experiencias de dolor desde otra perspectiva? ¿Cómo aprender a transitar nuestros duelos? O mejor aún ¿Cómo evitarnos llegar al punto de que una experiencia de pareja termine en un duelo? Lo primero que tenemos que hacer es conocernos, saber cómo funcionamos física y mentalmente. Recuerda que si sabes cómo funciona el carro, lo podrás conducir y llegar a tu destino sano y salvo.

Pongamos como punto de partida el día en que conocemos a esa persona tan esperada y nos aproximamos a ella con esa maleta de herramientas y materiales que venimos coleccionando desde siempre. Eso que tenemos guardado y con lo que se supone vamos a trabajar. Eso que traemos para ofrecerle a la otra persona. Eso que creemos ser. Venimos cargados de buenas intenciones, pero casi sin darnos cuenta terminamos como empezamos: solos, tristes y nuevamente viviendo un duelo. ¿Por qué fracasamos? ¿Por qué nuestras relaciones no duran? ¿Por qué pensamos que nadie nos entiende? ¿Cómo esta relación que parecía tener futuro nuevamente termina en la nada?

Es necesario que nos demos cuenta de nuestras formas disfuncionales de relacionarnos, de cómo en lugar de utilizar "amor puro" como materia prima para construir esta nueva relación, utilizamos materiales defectuosos. Hasta que no hagamos limpieza de la maleta, no conseguiremos tener ni mantener una relación donde nos sintamos cómodos, plenos y felices.

¿Qué quiero decir con materiales defectuosos? Si te das cuenta, la mayoría de los seres humanos construye sus relaciones con creencias. Un ejemplo de esto es la creencia de que esta persona, recién llegada a nuestra vida, es la que nos hará felices. Es más, tiene la responsabilidad de hacernos felices. Tiene el deber de conocernos a la perfección (cosa que no sabemos ni nosotros mismos) para saber cómo complacernos y satisfacernos en todo.

Construimos la relación con carencia de amor propio y, para rematar, agregamos un poco —o yo diría que bastante— de la necesidad de que otro llene esos vacíos, de que otro nos haga sentir acompañados, nos haga sentir amados, felices y queridos.

Claro ¿cómo no construir con estas herramientas si esas son las que seguimos guardando como un tesoro en nuestra maleta de vida?

Crecimos creyendo que estamos incompletos y necesitamos a otra persona para ser felices. ¿No te suenan conocidas la frase de "soy tu media naranja" o "eres mi otra mitad"? Crecimos pensando que no somos suficientes, valiosos, merecedores o hermosos.

Y la cosa solo empeora, ya que esas creencias vienen con sentimientos incluidos que terminan de aderezar la relación y la llevan al fracaso seguro.

¿Cómo funciona esta combinación letal? Bueno, creemos que nuestra pareja tiene la obligación de darnos algo que creemos que no tenemos (una total mentira, ya que somos seres completos). Al ver que no recibimos eso que estamos esperando, inmediatamente juzgamos. De esta forma, nace dentro de nosotros el resentimiento. Este sentimiento es el que acompaña a la creencia de que los demás deben cumplir con nuestras expectativas. Déjame decirte, querido amigo o amiga, que nadie en esta vida nació con el deber de cumplir las expectativas de nadie.

En realidad, es que como nos sentimos vacíos por dentro, necesitamos buscar un culpable que se haga responsable de nuestra propia incapacidad de contenernos a nosotros mismos.

Nos han enseñado desde pequeños que alguien tiene que ser responsable de lo que nos pasa. Por eso, quiero compartir esta historia contigo para que veas cómo se instala una creencia, esa idea que no desaparecerá hasta que la substituyas por otra nueva.

Un día, mientras salía en plan de "mamás con hijos pequeños" pude entender cómo este tipo de creencias se programa en nuestros hijos (sin querer queriendo) desde que están pequeños. Estábamos todas las mamás tomando café y todos los niños jugando en un parque frente a nosotras. Uno de los niños llegó a nosotras llorando y agarrándose la cabeza. Como era de esperarse, todas saltamos de nuestras sillas a ver qué le había ocurrido. Gracias a la vida no había sido nada grave, simplemente un golpecito en la cabeza con el tobogán. La madre del niño lo consoló como era lo esperado, le secó las lágrimas y le dio unas indicaciones básicas de cómo hacer para no golpearse nuevamente.

El asunto parecía resuelto, pero nos sorprendimos cuando otra de las mamás que estaba en el grupo tomo de la mano al niño y lo llevó al tobogán y comenzó a decirle al niño: "este es el tobogán que te golpeó?". El niño respondió que sí al mismo tiempo que comenzaba a llorar nuevamente. Y para nuestro asombro, ella empezó a darle pequeños golpecitos al tobogán, mientras decía: "tobogán malo, tobogán malo" e invitaba al niño a hacerlo también.

Mientras presenciaba esta escena, trataba de ser lo más objetiva posible y de encontrar el aprendizaje oculto. Pude ver cómo desde pequeños estamos siendo programados por nuestro entorno y las personas que en él habitan. En este caso en particular me di cuenta de cómo desde pequeños se nos está enseñando que siempre debe haber un culpable afuera. Esta persona no solo estaba programando una creencia en el niño, sino que también estaba malgastando la valiosa oportunidad de enseñarle a este a ser responsable de sus actos, a ser más cuidadoso con él mismo al momento de jugar, a estar más atento, y tantos otros aprendizajes que se fueron por el tobogán esa tarde.

No creo que el niño ahora tenga un resentimiento contra los toboganes, pero sí sé que si esa creencia se sigue reforzando será un adulto víctima de sus circunstancias que no sabrá hacerse cargo de su vida y que siempre buscará un culpable a todo lo que le ocurre.

Si te encuentras en un momento como este y reconoces que has estado pensando que tu pareja es el culpable de todo, te has estado lamentando por todo lo que no te dio, recordando cuantas veces se equivocó, pensando cómo es que después de tantos años todavía no te conoce, etc., etc., etc., entonces estás en resentimiento. Lo mejor es trabajar en tus creencias, reconocerlas, liberarlas, entender que nadie nació con un documento que diga que debe cumplir con las expectativas del otro y de esta forma cambiar tu perspectiva con respecto a los deberes y derechos reales de una pareja.

Seguimos reflexionando acerca de los materiales que utilizamos a la hora de construir una relación, la idea es que conscienticemos por qué fracasamos en el intento para que no nos vuelva a ocurrir.

Muchos de nosotros consciente o inconscientemente comenzamos una relación sintiendo que no somos suficiente, que estamos incompletos, que algo nos falta y pasamos entonces la primera etapa de la relación mintiendo y mostrándonos como una persona perfecta por miedo a que nos dejen si nos mostramos tal como somos.

Construimos con carencia y creemos además que desde esta carencia podremos aportar algo a la otra persona, sin saber que una de las leyes universales es que *nadie puede dar aquello que no tiene*. Es muy difícil que una relación basada en la carencia pueda crear algo duradero. ¿Cómo vas a dar amor si no te amas? ¿Cómo vas a respetar a la otra persona si no te respetas a ti? ¿Cómo vas a confiar en otros si no confías en ti?

Si somos honestos y nos hacemos conscientes de cuáles son nuestras formas de construir una relación, podremos darnos cuenta de que debemos primero trabajar en nosotros mismos para luego salir y tener algo que ofrecer.

Otro de los materiales que más se usan a la hora de construir una relación de pareja es el miedo. En compañía del miedo no hay mucho que se pueda construir, pero seguimos insistiendo en dejarnos acompañar por él. La historia romántica del planeta está llena de relaciones que fracasan, porque las personas se dejan guiar por el miedo, hacen cosas que no quieren hacer por miedo a que las dejen, aceptan compromisos que no quieren cumplir por miedo a que las dejen, se convierten en otra persona por miedo a que las dejen, viven situaciones de abuso e irrespeto por miedo a que las dejen, se dejan humillar, se rebajan y degradan todo por miedo a que las dejen. Y te pregunto, ¿qué has hecho tú por miedo a quedarte sin pareja? Si supiéramos lo valiosos que somos, lo completos que estamos, y sintiéramos realmente que tenemos mucho que dar no tendríamos miedo a mostrarnos tal y como somos, nuevamente el trabajo comienza con uno mismo.

Es de suma importancia si deseas una vida en pareja amorosa, respetuosa, y de larga duración que te hagas consiente de tus creencias, tus formas de relacionarte, tus procesos de manipulación, tus programaciones, tus paradigmas, y observes detenidamente: qué has estado haciendo y cómo te has estado relacionando, cuáles son tus comportamientos habituales, qué te ha funcionado y qué no, y que comiences a trabajar en ti. Comienza a hacer los cambios necesarios para construir esa relación maravillosa que tanto deseas.

Una vez trabajado este punto tan personal, de tanta introspección, tan interno, te darás cuenta de que solo mejorará si cada uno de nosotros trabaja y se ocupa de sí mismo. Volvamos a unos párrafos atrás, al momento en que conocemos a esa persona tan esperada. ¿Qué más debe ocurrir en nosotros para prevenir una ruptura de la relación o para poder transitar nuestro duelo de una forma más consciente?

En este caso, apenas aparece frente a nosotros esta criatura de Dios y toda nuestra vida se llena de sentido, nuestra biología se enciende y comienza a mandar señales eléctricas y químicas que llenan de alegría y esperanza todo nuestro ser. Al igual que ocurre cuando se termina la relación y todo nuestro mundo colapsa, toda nuestra biología se apaga y ya los químicos no causan alegría si no tristeza, ira, miedo, estrés.

Muchos cambios ocurren dentro de nosotros al momento de construir una relación con otro ser humano, pero de igual manera muchos son los cambios que vivimos cuando se destruye la relación. Si conocemos cuáles son estos cambios, si sabemos los que nos pasa y cómo manejarlo podremos superar mejor cualquier experiencia que nos suceda.

Si pretendemos tener éxito en nuestras relaciones y además saber cómo salir con vida cuando se derrumban, es necesario además de trabajar en nuestras creencias, entender qué ocurre en nuestro cuerpo, nuestra mente y por qué perdemos la cabeza tan fácilmente al enamorarnos y por qué queremos morir al terminar la relación.

En las siguientes páginas vas a poder comprender qué pasa en tu cuerpo cuando te estás enamorando, separando, divorciando o cuando te rompen el corazón. ¿Por qué te quieres morir? ¿Por qué sientes que te estás partiendo en pedazos? Saber esto te permitirá controlar mejor tus reacciones, entender tu pesar, entender por qué lloras por todas las esquinas, por qué no puedes dormir, por qué no tienes hambre, por qué te salta el corazón cuando vuelves a saber algo de tu ex.

Esta información te ayudará a comprender por qué piensas que la vida ya no tiene sentido y te acompañará mejor en este proceso. Te guiará al encuentro de ese regalo oculto de aprendizaje que sé que ahora no lo ves, pero dentro de un tiempo te hará agradecer todo lo vivido. Podrás recordar a esa expareja sin sentir emociones desequilibradas e incluso podrás sentir agradecimiento por ese ser humano que simplemente fue un gran maestro en tu vida.

El enamoramiento comienza en el cerebro no en el corazón

¿Qué pasa en nuestra cabeza (mente-cerebro) cuando nos enamoramos y qué consecuencias trae para el resto de nuestro cuerpo?

Tenemos un estímulo externo que en este caso es una persona (posible pareja) e inmediatamente comenzamos a tener pensamientos sobre ella: esta persona es perfecta para mí, es mi salvador/a, parece tener todo lo que busco para ser feliz, me complementa, etc. Esos pensamientos están tamizados por nuestros filtros de percepción, creencias, paradigmas, es decir, nuestra forma de ver y entender el mundo manda una señal a nuestro cerebro para que genere los neurotransmisores y neuropéptidos que harán que nos sintamos de una forma específica. En este caso, feliz y enamorada/o.

Estas emociones nos harán tomar cierto tipo de decisiones, a veces inconscientes, a veces de forma consciente. Por ejemplo: haré lo que sea para estar con esta persona, dejaré a la pareja con la que estoy para estar con esta nueva persona, fingiré ser una persona muy sociable porque sé que le gustan los hombres así, me vestiré como sé que le gusta que se vistan las mujeres, etc.

De esta forma, acomodamos nuestra vida en cierta dirección. En este momento exacto, cuando estamos en estado de *shock* y pensamos que estamos "enamorados", ¿quién está al mando de los pensamientos, interpretaciones, formas de sentir y de actuar? La respuesta es nuestras programaciones y creencias. Por ejemplo, si mi creencia es que me voy a enganchar en cualquier relación para que alguien, no importa quién, me haga compañía o que si no me caso, me voy a quedar para vestir santos.; entonces, me aferraré a cualquier relación, no importa si funciona o no. Todo por el miedo de quedarme sola.

Como ves, el tema de las creencias lo tocaremos varias veces en este libro, porque es de suma importancia que puedas llegar a reconocer cuáles son las tuyas. Si no identificas tus creencias, no podrás hacer limpieza de esos filtros que definirán tus pensamientos, emociones, decisiones y experiencias.

Luego de que el estímulo externo al que nos enfrentamos es interpretado sobre la base de nuestras creencias y nuestros filtros de percepción, nuestro cerebro se convierte en una licuadora de líquidos y jugos que prácticamente nos hacen enloquecer. Se comienza a producir dentro de nosotros la química del amor, la droga más poderosa y adictiva que existe, la droga del enamoramiento.

Este coctel mágico y químico que nos mantiene volando por las nubes, que nos va uniendo de par en par y que dirige nuestra vida de una forma poderosa, hace que nuestro cuerpo entero tome el mando de la situación.

Lo que nos ocurre es que la serotonina provoca que nos obsesionemos con la persona amada y pensemos en ella todo el tiempo.

La serotonina es una sustancia química que produce nuestro cuerpo y que funciona como un neurotransmisor. Algunos investigadores la consideran como la sustancia química responsable de mantener en equilibrio el estado de ánimo, el comportamiento social, el apetito, la digestión, el sueño, la memoria, y el deseo y desempeño sexual. Cuentan que el déficit de esta sustancia nos podría llevar a la depresión.

Los centros de recompensa cerebrales se inundan de dopamina provocando sentimientos de euforia y felicidad y elevando nuestro deseo sexual, creando vínculos muy fuertes entre el placer que sentimos y la persona que lo provoca.

Los centros de recompensa son el conjunto de estructuras que, mediante estímulos, nos hace sentirnos bien después de realizar cierta actividad. Tienen como objetivo que hagamos una relación entre actividad y placer para que de esta forma repitamos ciertas conductas seguras y placenteras y nos alejemos de otras que podrían ser peligrosas y desagradables y así de esta forma asegurar la supervivencia de la especie.

La dopamina es el neurotransmisor del placer. También regula ciertos movimientos musculares, la regulación de la memoria, los procesos cognitivos asociados al aprendizaje e incluso se dice que tiene un papel importante en la toma de decisiones. Esta es la responsable de que en esta etapa solo tengamos ojos para esa persona. Estrecha los lazos entre los enamorados y limita el interés por otras personas. Hace que sea cierto el dicho que dice "el amor es ciego". Se han hecho estudios a personas enamoradas que muestran cómo las áreas de recompensa, inundadas de dopamina, están activadas cuando se siente amor; mientras que las regiones relacionadas con las emociones negativas y juicio crítico están completamente apagadas.

También hace su aparición la oxitocina, llamada por algunos como la hormona de la humanidad, porque nos ayuda a conectarnos con las demás personas, empatizar, crear vínculos de amistad, ser generosos o altruistas. Es un desinhibidor que nos invita a arriesgarnos y a confiar en nosotros. Esta hormona y neuropéptido se genera en el hipotálamo. Se segrega en diferentes situaciones de nuestra vida social: en una rica comida, en un masaje, una conversación. Favorece en el desarrollo de vínculos afectivos y sexuales placenteros, produce empatía, entre otros.

Pero ahí no acaba. La adrenalina también entra en acción, el ingrediente perfecto para mover y mezclar el coctel entero. Este neurotransmisor activa los impulsos nerviosos, aumenta la presión sanguínea y el ritmo cardíaco, la estimulación del sistema nervioso central, la dilatación de los bronquios y la regulación de los procesos digestivos. Es el responsable de que nuestro corazón lata a mayor velocidad cuando vemos a la persona que amamos y de que no tengamos hambre en ningún momento, entre otras cosas.

Gracias a esta perfecta y calculada explosión de químicos es que nos sentimos felices cuando nos enamoramos. Comenzamos a ver la vida desde otro punto de vista más positivo. Nuestro cuerpo físico dispone de más energía y fuerza, y todo parece cobrar el sentido que siempre ha debido tener. Este proceso químico nos hace generar fuertes vínculos entre el placer que sentimos y la persona que creemos es la causante de este placer y de esta forma nos vamos convirtiendo en adictos a la sensación y a la persona.

Otra de las fascinantes actuaciones de nuestro cuerpo humano y que nos permite darnos cuenta de su perfecto funcionamiento es que durante este proceso de enamoramiento nuestro olfato se activa y comienza entonces a reconocer el olor del otro, buscando la posible aprobación de combinaciones de las moléculas del sistema inmune. Combinación que permitiría una mezcla correcta de genes inmunológicos, importante para la supervivencia de los futuros hijos.

Así que si creías que enamorarse era cosa de la casualidad y que era una decisión que tomabas tú al azar, pues te equivocas. Hay muchos procesos químicos y biológicos pasando tras bambalinas, hay muchas cosas funcionando y entrelazándose detrás de esa experiencia que llamamos relación de pareja.

El enamoramiento no es más que un proceso químico de nuestros cuerpos que sirve para unirnos de dos en dos y asegurar la supervivencia de la especie. Y de alguna forma lo conseguimos, es decir, cumplimos con las necesidades de una humanidad en búsqueda de descendencia, perfectas almas que encarnan para evolucionar a través del aprendizaje.

Pero ¿qué pasa cuando este feliz proceso o este sentimiento que llamamos amor en algún momento, de la nada y sin que nos diéramos cuenta, se rompe, cambia, se acaba y nos sumerge en el amargo duelo? La historia pasa de cuento de hadas a película de terror, y lo peor es que somos nosotros los protagonistas de la historia.

Lo que sucede es que pasamos por etapas, y cada etapa tiene su nivel de aprendizaje, igual que en el colegio que pasamos de un grado a otro luego de haber aprobado cierta cantidad de créditos. Y resulta que la siguiente etapa a vivir en esta relación de pareja, que por desconocimiento va directo al divorcio o a la separación, se da como consecuencia de la química del cuerpo.

En la mayoría de los casos no es que el amor se acaba, que has dejado de querer a tu pareja o ella a ti, es simplemente que a nivel cerebral esa droga a la que nos hicimos adictos, esa cascada de neuroquímicos, ese coctel que nos enloqueció de amor, al cabo del tiempo y como pasa con cualquier droga, se nos queda insuficiente; es decir, llegamos a la tolerancia o habituación.

Dejamos de ser ciegos y por primera vez vemos a la verdadera persona que escogimos como pareja. Nos damos cuenta de que es un ser humano normal, como todos, que comete errores, que tiene defectos, que se despierta despeinado y que puede en ocasiones hasta oler mal. En esta etapa de bajón químico nos damos cuenta de que hemos estado fingiendo ser quienes no somos y volvemos al diseño original. Esto, obviamente, sorprende a la otra persona quien comenzará a quejarse y a querer devolver la "mercancía comprada", ya que no es lo que compró.

Las mariposas dejan de revolotear en el estómago y se nos cae la venda de los ojos. Las preguntas inmediatas son: ¿Quién en esta persona? ¿Cómo pude enamorarme de alguien así? ¿Se acabó el amor tan pronto? Luego, vienen los reclamos: ¡Tú me engañaste! ¡Me dijiste que seríamos felices por siempre! ¡Creí que eras sincero, creí que me amabas! ¡Me dijiste que ibas a cambiar y bla bla bla...!

Como el cerebro necesita buscar una explicación de lo ocurrido, normalmente llegamos a las mismas conclusiones. Se piensa que el amor se acabó, que ya no nos entendemos, que ya nos dejó de gustar esa persona y, por supuesto, bajo estas circunstancias sencillamente quieres terminar la relación. Tu cuerpo que estaba adicto a una cantidad de substancias químicas te insiste en que se las vuelvas a dar y es por esta razón que sientes el impulso de salir a buscarla de inmediato.

Lamentablemente, los que se han vuelto adictos al coctel del amor lo interpretarán como el fin de la relación. Claro, cómo no pensar así si ya con esta persona no se siente lo mismo que antes. No reflexionamos en que, simplemente, es el momento de pasar a otra etapa, que el cuerpo ya cumplió con la función de acercarlos y ahora son otras cosas las que los mantendrán unidos. Si desconocemos todo este funcionamiento, sentiremos la necesidad de buscar en otra persona ese algo que nos haga volver a sentir igual, necesitaremos producir esos químicos del amor y la felicidad y no importa a quién nos llevemos por delante en el intento. Actuaremos como vulgares adictos en la búsqueda de aquello que el cuerpo nos pida.

Pero qué pasaría si supiéramos que esto de vivir en pareja responde a un proceso biológico normal que va cambiando de intensidad dependiendo de la etapa en que esté la relación. ¿Nos permitiríamos vivir la siguiente etapa de una forma un poco más tranquila, más madura? ¿Realmente saber esto nos evitaría convertirnos en eternos buscadores frustrados de la "persona perfecta" que se supone nos mantendrá en éxtasis total hasta que la muerte nos separe?

Por otro lado, los que sí pasaron a la siguiente etapa de la relación enfrentarán de igual manera numerosos retos y situaciones difíciles que los pondrán a prueba.

Una de las situaciones más retadoras es, sin lugar a duda, no perderse a uno mismo en el otro. Casi sin excepción, cada uno de nosotros al entregarnos a otro ser humano le entregamos todo lo que somos, le damos la responsabilidad de nuestra felicidad, de nuestra salud, de nuestra plenitud. Se convierte en el propietario de los derechos de autor de nuestra vida, es el que tiene la última palabra en lo que concierne a cómo vamos a vivir o decide si trabajamos o si nos quedamos en casa, si podemos salir con amistades, incluso llegamos al extremo de entregarle nuestro derecho a hablar, a expresarnos, etc. Y es en estos momentos donde equivocamos las cosas.

Cuando dejamos de ser los dueños de nuestra vida y nuestro destino entonces la responsabilidad de lo que nos ocurra pasa a manos de nuestra pareja. Y con esta responsabilidad vienen los resentimientos y los reclamos.

Esta es la segunda etapa de nuestra relación que debemos superar.

¿Por qué le entregamos a los demás nuestro poder personal? ¿Será que tenemos miedo a que no nos quieran y no nos acepten? Creemos que si no nos convertimos en la persona que el otro cree que somos nos va a dejar. Así comenzamos a hacer cosas que no queremos hacer y nos convertimos en personas que no somos, y nos vamos vaciando poco a poco.

Esta decisión de entregarle nuestro poder personal a otra persona dice mucho de nuestro amor propio y vamos a hablar de eso más adelante.

El ser humano se comporta dependiendo de cuáles son sus creencias inconscientes y de la intensidad de sus miedos. Esa es nuestra primera emoción registrada. Estamos seguros de que si no complacemos a nuestra pareja, se irá. Con baja autoestima y con la creencia de que alguien externo nos hará sentir el tan buscado amor, seguimos con esta relación y sedemos ante cualquier petición, justificamos sus pedidos y, en el peor de los casos, aceptamos y nos conformamos con cualquier cosa con tal de no estar solos.

La primera crisis de pareja no es más que un bajón de químicos, una habituación normal a una cantidad de sustancias en nuestro cuerpo y un abrupto despertar en el que a veces nos gusta lo que vemos y otras veces no.

Si no te gusta lo que ves y crees que no tiene salvación, despídete agradeciendo los buenos momentos y el aprendizaje y comienza a trabajar en tu duelo viéndolo como un camino de sanación y no como un fracaso. Por cierto, existe otra creencia que nos mantiene atados a una persona sin quererla. Esta es el "me quedo en una relación donde no soy feliz solo por hecho de no fracasar". Es importante que antes de recibir a una nueva persona en tu vida "limpies tu casa"; es decir, te prepares, te sientas mejor, trabajes en ti, la casa eres tú.

Por otro lado, si al nivelarse los químicos del enamoramiento, al llegar a la habituación, sigues sintiendo que esa persona es la indicada, entonces de igual manera te propongo "limpiar tu casa". Como ves, ambos caminos te llevan a ti. Nunca dejamos de aprender, de crecer y de cambiar, y con cada cambio nace un nuevo tú que debes reconocer. Siempre hay algo en la maleta que ya no nos sirve, no nos queda y este es un buen momento para reorganizarnos y ofrecer solo lo mejor de nosotros.

Siempre utilizo el ejemplo de la casa limpia porque se nos hace más fácil de entender que nunca tendrías invitados con la casa sucia o sin haberte bañado o peor aún si te sientes enfermo. Siempre que invitamos a alguien a nuestra casa hay una preparación, una limpieza, nos gusta tener todo lindo y ordenado, nos gusta tener cosas ricas para comer. Entonces, igual debería pasar con cada persona a la hora de comenzar una relación.

Veas lo que veas al despertar de tu sueño profundo de enamoramiento, debes limpiar tu casa. Comenzar por ti. Siempre comenzar por ti.

Otra crisis que puedes afrontar es la que responde a tu proceso de individuación y que debes conocer en caso de que quieras salvar tu relación de pareja y retomar el camino hacia ti.

Carl Gustav Jung hablaba del proceso de individuación. Cuando lo descubrí, entendí el porqué de muchas cosas que estaba sintiendo, pensando y haciendo. Entendí que no se trataba de mi pareja y los supuestos errores o fallas que yo veía en esa persona. Todo era sobre mí y mis vacíos. Jamás iba a ser feliz con nadie hasta que yo encontrara mi propio camino de regreso a mi interior.

Una vez leí una frase que decía: "Nos pasamos la mitad de la vida desarreglando nuestra vida, para pasar la otra mitad intentando arreglar lo que estropeamos anteriormente". Entonces comprendí que cada ser humano, a pesar de ser único, es tan parecido a todos. Comprendí que en la primera mitad de la vida —por esta necesidad que tenemos todos de pertenecer a un grupo y ser amados— vamos poco a poco formando nuestra personalidad, una que nos permita encajar y que, sin duda, ha sido influenciada por el entorno. Justamente de eso se trata este proceso de individuación, un periodo en el que recorremos parte de nuestro camino de vida de forma completamente inconsciente.

Nos desconectamos de nosotros mismos para conectarnos con lo de afuera y de esta forma nos vamos perdiendo, vamos perdiendo esa esencia, ese poder personal del que te hablaba antes, con la única intención de encajar en la sociedad y en la familia. Dejamos de ser nosotros mismos y con esta personalidad que nos hemos creado deambulamos por el mundo tratando de vivir nuestra vida de la mejor forma posible. Para algunos más fácil y para otros sumamente difícil.

Sin darnos cuenta, caemos en un vacío profundo que dura los primeros años de nuestra vida y es solo al momento de golpear contra el piso que el dolor nos hace despertar. Siempre de alguna forma u otra nos llegará el momento de abrir los ojos, el momento en que nada nos satisface, en que el trabajo que tanto nos gustaba ya no nos causa ningún placer, el deporte que practicábamos nos causa solo un pesado aburrimiento. Ese momento terrible de confusión e insatisfacción.

Si al sentirnos así, si al experimentar estas famosas crisis de los 40 o 50 años o de mediana edad, como quieras llamarlas, supiéramos que es un proceso natural por el que atraviesa todo ser humano para continuar con su aprendizaje, podríamos de seguro resolverlo de una forma satisfactoria, madura y tranquila.

Pero no, todo lo contrario, en medio del caos, la frustración, la insatisfacción, la tristeza, lo único que se nos ocurre es hacer lo que siempre hacemos: buscar dentro de nuestra maleta, allí donde están todos nuestros miedos, creencias y programaciones. Como si fuéramos zombis hipnotizados con antiguas formas de actuar comenzamos a buscar fuera de nosotros aquellos posibles culpables y responsables de nuestra infelicidad. Así como el niño del tobogán vamos directo a nuestra pareja para señalarlo como el culpable o responsable de nuestras penas. Al fin y al cabo, ¿alguien tiene que tener la culpa verdad?

Debemos dejar de buscar culpables fuera y entender que es un proceso normal del ser humano como individuo. Es importante que sepamos que esta insatisfacción viene de adentro, que no es otra cosa que la oportunidad de crecer tocándote a la puerta. Si nos perdemos el chance de verlo de esta manera, lo que va a ocurrir es lo que siempre pasa en estas tan conocidas crisis de mediana edad: sentimos el vacío, salimos a buscar culpables, nos aseguramos de que el responsable de esta insatisfacción sea nuestra pareja, nos peleamos, nos divorciamos, para luego descubrir que el vacío estaba dentro de nosotros y que estemos con quien estemos nos sentiremos igual.

Siempre he pensado que esto deberían enseñarlo en la escuela. ¿Cuántos divorcios y depresiones nos hemos podido evitar si cada uno de nosotros supiera cómo enfrentar la crisis de la mediana edad? Esa famosa crisis cada vez se extiende más. Hoy en día se habla de que se encuentra en un rango de 30 a 60 años de edad; es decir que casi todos vivimos los que se suponen deberían ser los mejores años de nuestra vida en esta crisis de individuación. Nos sentimos insatisfechos, confundidos, en una constante pelea con el mundo, porque no hallamos nada afuera que nos devuelva las ganas de seguir.

Esta crisis de pareja podría evitarse si supiéramos que el problema es que estamos buscando en el lugar equivocado. No tenemos que cambiar nada de lo que existe afuera de nosotros, tenemos que volver adentro, encontrarnos, reaprender, encontrar nuestra esencia y desde allí salir y reconectarnos de nuevo con el mundo. Mi intención es que reflexiones sobre si, tal vez, tu relación no es la que está mal, quizá no hay nada malo en ella. De repente es solo una etapa personal e íntima. Quizá tienes que comenzar a llenar todos esos vacíos sobre los que construiste tu vida, debes reconectar con aquello que tanto te gustaba hacer y dejaste de lado por complacer a tus padres o porque necesitabas dinero. Vuelve a ti y pregúntate quién eres realmente, qué te gusta hacer, y cuál es tu propósito en la vida.

Existe la posibilidad de encontrarnos con seres humanos que nunca concienticen este proceso de individuación y que se vean atrapados en una vida sin autoestima, de continuas crisis personales, de pareja, malas relaciones interpersonales, que vivan en ansiedad, en depresión, en tristeza y que nunca tengan el chance de reconectar con su verdadera esencia.

Si te estás sintiendo constantemente insatisfecho tal vez ya llegó tu momento. Normalmente llega con una situación que nos hace abrir los ojos de golpe, un cambio, una crisis que ya no podemos soportar, una separación, una pérdida o un duelo. No te olvides que este momento es fantástico, es el momento de volver a ti, y encontrar dentro las respuestas que tanto estabas esperando.

Si estás consciente de esto, no tendrás que buscar culpables afuera, no tendrás que odiar a ese jefe que te despidió o no tendrás que divorciarte (bueno si quieres hazlo). A lo que voy es que solo necesitas estar consciente de que es tu momento y de nadie más, es tu momento de luz, de bienestar y merece que le prestes toda tu atención y tu energía.

No tienes que voltear tu mundo patas arriba para encontrarte. Este camino lo puedes hacer en compañía de todos tus seres queridos ya que es algo personal. No necesitas divorciarte para sentirte libre, la cárcel te la estás imponiendo tú. Además, están los beneficios adicionales que nos muestran las miles de historias de personas cuyos cambios afectaron positivamente a todos los que las rodeaban. Si no me crees, investiga sobre el entrelazamiento cuántico.

Este es el momento de aprender que eres más que un cuerpo físico, que unos muebles y una casa, un carro, un trabajo, una nacionalidad o un color de piel. Este momento te está invitando a mirar adentro, conocerte para que sepas de verdad qué es lo que quieres, quién eres y darte cuenta de que eres consciencia pura experimentándote en un cuerpo.

Si bien es cierto, puede que este camino de individuación te haya puesto algunas "paredes" (personas, situaciones, experiencias) con las que chocar. También es cierto que su única intención era que despertaras para que pudieras emprender tu camino evolutivo. Reconocer en esas "paredes" la oportunidad de aprendizaje es un acto de sabiduría. Esas personas, situaciones y experiencias son los grandes maestros de vida que solo se pondrán en tu camino porque tú misma la has atraído a ti al resonar con esa energía.

Todo tiene un porqué y un para qué, y el duelo por separación o divorcio busca despertarnos, que tomemos conciencia de nuestra vida, de nuestro ser, y que reflexionemos sobre qué estamos haciendo con nuestra oportunidad de estar vivos.

Y cuando al fin entendemos esto, comenzamos a ver a nuestra expareja como un gran maestro de vida al que en lugar de odiar debemos agradecer por el favor que nos ha hecho al movernos tan fuerte que nos ha permitido despertar.

Canción 2: Y llegaste a mí

A veces la vida te saca del carril de un solo golpe y ni cuenta te das. Cuando esto me pasó a mí, descubrí una verdad universal. Entendí que la verdadera luz, fortaleza, paz, armonía, felicidad, amor propio, el verdadero bastón que te va a sostener en momentos de dificultad no proviene de afuera si no que está dentro de ti. Dentro de ti es donde tienes que buscar las respuestas. Lo único que tiene que llegar a tu vida es la consciencia de tu hermoso SER. Después de ello podrás compartir esa bendición que ERES con todos los demás. Tú llegaste a ti a través de esa experiencia de dolor que vino a transformarte.

https://www.youtube.com/watch?v=e83XIX8tgzM

La resonancia es el proceso que le permite al alma atraer situaciones y personas a su vida para comenzar su camino de aprendizaje.

CAPÍTULO 8

Cuando el alma también se enamora

La resonancia

Entender que lo que hemos vivido con nuestra pareja es, en cierta forma, la manera que encontró la vida de hacernos tomar conciencia, comprender que todo el malestar que vivimos o estamos viviendo tiene un sentido en tu vida, te hará ver las cosas de otra forma y te permitirá abrir el corazón para el nuevo aprendizaje. Este duelo que te está quebrando por dentro no desea más que entregarte un regalo de aprendizaje y crecimiento. En el instante en que cambies tu forma de ver el problema dejará de ser un problema. Y por esta razón deseo que las próximas líneas te den un punto de vista diferente a tu situación. El conocimiento es poder y el conocimiento de ti mismo te empoderará.

El universo se rige por leyes amorosas que lo mantienen en equilibrio. Estas leyes son inteligencia pura que en el caso de la resonancia en las relaciones humanas funciona como fuerzas que nos acercan unos a otros.

Los seres humanos somos frecuencias, cuerpos que vibran según los pensamientos que tenemos, las emociones que sentimos y el estado de salud que nos creamos. Tu vibración que es información hace *match* con tu forma de ver y entender al mundo y busca el lugar para resonar, va al medio ambiente y llega a otro cuerpo. Se consigue a una persona con la que resuene esta información y por eso es que algunos autores dicen que siempre nos encontramos con nosotros mismos en los demás y en lo que nos rodea.

La resonancia es el proceso que le permite al alma atraer situaciones y personas a su vida para comenzar su camino de aprendizaje.

Resonamos con la otra persona y nos atraemos. Las personas con las que nos relacionamos en nuestra vida son las que resuenan con nuestros estados emocionales. Entonces, si no te gustan las personas que llegan a tu vida cambia tu manera de vibrar, de sentir, tu energía, tus pensamientos. Ya sabes que si estás mal emocionalmente atraerás personas que vibren igual que tú.

¿Qué podemos hacer para atraer mejores vibraciones que nos regalen mejores experiencias? Recuperar el equilibrio, comenzar a vibrar más armónicamente, cambiar tu forma de pensar, aprender a autogestionar tus emociones, conocer cuáles son tus creencias o programaciones inconscientes y cambiarlos.

La información es energía y tiene frecuencias distintas que se repelen o se atraen, y nosotros no nos escapamos de esta actividad. Así que vamos por la vida atrayendo o repeliendo personas. Así de simple.

Entonces, resonar podría ser una forma de atraer experiencias a nuestra vida de acuerdo con nuestros programas inconscientes. Algunas personas piensan que no existe el enamoramiento sino la atracción por resonancia y que esta tiene la finalidad de que podamos hacer un trabajo interno que nos permita liberar una cierta información que llevamos dentro y que de otra forma no podríamos transformar en algo más beneficioso para nosotros.

Resonamos, atraemos a la polaridad complementaria con la que necesitamos trabajar para reconocernos. Nos vemos en ella y sería como ver nuestro reflejo en ese espejo que nos sostiene la otra persona, y sobre la base de lo que vemos comenzamos nuestro proceso de aprendizaje.

Todos tenemos cosas que aprender. Por eso, vamos a comenzar a vivir experiencias que nos van a mover el piso que nos van a hacer reír, llorar, maldecir o bendecir, y las relaciones de pareja son un maravilloso campo donde poder experimentar todo esto.

El tipo de parejas que te encuentres en el camino depende de la información que guardes en tu maleta; es decir, los programas inconscientes que te hayan regalado tus padres, lo que te toca aprender en esta vida. Por eso, es importante no culpar al mensajero, a la pareja. El trabajo es contigo, él solo te da el mensaje.

Así que si estás en una relación con alguien y después de un tiempo algunas cosas te dejan de gustar y otras comienzan incluso a molestarte es el momento de prestar atención. Desde este punto ya has pasado a otra etapa, recuerda lo que hablamos antes. Al sentir esto es que has dejado de producir ciertos químicos en tu cerebro, has recobrado tu "visión" y comienza una etapa de aprendizaje por resonancia.

Cada información que recibas de la otra persona habla de ti. Presta mucha atención, porque cada conducta, comportamiento, respuesta o situación tiene algo que decirte de tus programas heredados y de lo que te toca aprender, integrar y trascender. Todo lo que te está pasando es valiosísimo para tu proceso de crecimiento.

Hay un chiste que explica muy bien esto de la resonancia, el aprendizaje y eso de no matar al mensajero.

El chiste dice así:

Hay dos almas que van a reencarnar y están camino a la estación del tren que va del cielo a la tierra. Una le pregunta a la otra:

—¿Qué andén te tocó?

La otra alma responde:

—Me toco el andén A y ¿a ti?

—A mí también, responde la otra alma.

Siguen caminando hasta llegar al andén A. Mientras esperan la llegada del tren, el alma preguntona le dice a la otra:

—¿Qué número de asiento te tocó?

A lo que el alma responde:

—El 8

Y el alma preguntona le responde:

¡Ah mira! A mí me tocó el 9. Estamos juntas.

Cuando el tren llegó, se acomodaron en sus sillas y como el camino del cielo a la tierra era muy largo les dio tiempo para seguir conversando.

El alma preguntona le dice a la otra:

—¿Y qué te toco aprender en esta encarnación?

A lo que el alma responde:

—A mí me toco aprender a perdonar.

El alma preguntona emocionada responde:

— Ahhh, entonces, ¡soy yo el que te va a dar las cachetadas!

¿Por qué les cuento este chiste? Para entender que todos venimos aquí para ayudarnos unos a otros, para servirnos de maestros y poder aprender. Recuerda que todos somos pequeños pedacitos del Uno Supremo experimentándonos para que él también se pueda experimentar.

Entonces, en lugar de estar odiando al otro deberíamos ser agradecidos. Tener este cambio de perspectiva te ayudará a transitar tu duelo por separación o divorcio de una forma diferente.

Canción 3: Ya no tomamos café

Esta canción la escribí con la intención de rendirle un homenaje a todas esas personas que alguna vez han perdido un gran amor. Lo hice con la esperanza de que un día te despiertes y, sea lo que sea que te hayan hecho o hayas vivido, te des cuenta de que todo valió la pena. Quisiera que escuchando esta canción llegues a la comprensión de que ese dolor que te desgarró el alma, sirvió para algo porque te hizo crecer. Esta canción es para que mientras la cantes te atrevas a buscar el regalo de aprendizaje que siempre está oculto en toda experiencia de dolor.

https://www.youtube.com/watch?v=fdEXFz24_ME

No podrás destruir tus creencias, pero las puedes transformar en lo que quieras. Es la oportunidad para liberarte de aquello que tú y los tuyos han creído toda la vida.

CAPÍTULO 9

Sigue creyendo que te vas a volver "creyón"

Las creencias

Ya hemos tocado el tema de las creencias en varios de los capítulos anteriores, pero la verdad es que lo considero tan importante y de nunca acabar que quiero dedicarle un capítulo entero.

Las creencias son información limitante, porque nos privan de vivir nuestras propias experiencias libres de condicionamientos. Son los límites que nos ponemos en la vida.

Llegan a nuestros primeros años de vida entre los dos y los seis años de edad cuando estamos en estado *theta*, estado de ondas cerebrales donde vivimos como hipnotizados. En este estado aceptamos todo lo que nos digan nuestros padres o nuestras figuras de autoridad sin cuestionarlo. A estas programaciones que introdujeron nuestros padres hay que sumar todo lo que nos puedan haber dicho las tías supersticiosas o los cuentos de los tíos o abuelos frustrados por sus propias experiencias.

¿Te imaginas cuál es el desastre de información que tenemos acumulado en nuestro subconsciente? Y esto no es todo. Si sumamos todo lo que nos dijeron en la escuela, en la iglesia, los estereotipos tan marcados en las películas, la cultura y creencias del país de donde somos, entre otras cosas. Podríamos decir que estamos construidos con información que no es nuestra.

Debemos entender la razón de las experiencias que tenemos en la vida, por qué atraemos a las personas que atraemos, por qué nos comportamos y reaccionamos como lo hacemos. Para ello, hay que encontrar el aprendizaje oculto en la experiencia y evolucionar. Necesitamos sumergirnos en lo profundo de nuestro inconsciente.

Hay que recorrer "la casa" y meternos en el cuarto oscuro al final del pasillo con la sola intención de iluminar la habitación y librarnos de lo que no nos sirve. Enfrentarnos a aquello a lo que le tememos e incluso descubrir información que ni siquiera sabíamos que guardábamos.

En la casa de mi abuela había un cuarto prohibido. Era misterioso y la puerta siempre estaba cerrada. Mis primos y yo sentíamos un miedo terrible, pero, al mismo tiempo, una inmensa curiosidad por saber qué había en ese cuarto. Recuerdo que a veces algún adulto dejaba la puerta entreabierta y yo trataba de ver por la rendija. Pero no tenía éxito.

Tal vez en casa de tu abuela no había ningún cuarto prohibido, pero en tu casa, es decir, tu cuerpo sí que lo hay y es tu subconsciente.

Tu subconsciente es como ese cuarto oscuro y misterioso al que le tienes miedo y en donde en automático, sin saber, has guardado información que en su mayoría proviene de otras personas y sus experiencias; es decir, información que no te pertenece pero que sí te limita.

Para descubrir qué creencias tienes allí guardadas, debes atreverte a abrir el cuarto y encender la luz. Te darás cuenta, como me pasó a mí cuando crecí y por fin pude abrir la puerta del cuarto de casa de mi abuela, de que solo era el cuarto donde guardaban todas las cosas viejas e inservibles de la casa. Eso es tu subconsciente, un lugar donde se han guardado cosas viejas e inservibles. Estas son tuyas, pero también de otros que han marcado tu vida. Po eso, es necesario limpiar, remodelar, ordenar.

Las creencias o programaciones nacen de las relaciones que se hacen entre una situación y su resultado. Este resultado, normalmente caótico o frustrante, se va transmitiendo de generación en generación hasta convertirse en una instrucción de vida, en un credo familiar.

Te pongo un ejemplo: si a tus bisabuelos les costó muchísimo conseguir dinero en su vida, seguro le contaban esta experiencia a tus abuelos cuando eran pequeños e incluso decían frases como "el dinero es muy difícil de conseguir". Esta información se programó en tus abuelos como una creencia y vivieron sus vidas creyendo en esa información sobre el dinero. Luego, tus abuelos, a quienes seguramente también les costó mucho conseguir dinero, transmitieron la misma afirmación a tu padre quien la vivió como una verdad indiscutible ya que si la decían los bisabuelos y los abuelos, pues quién era él para contradecir esta verdad. Después naciste tú y la información sobre el dinero se te fue entregada como una herencia preciada para protegerte y prepararte para la vida. La información es una energía que puede o no estar condicionando tu vida sin que tú lo sepas.

Otro clásico ejemplo es el de la mujer que fue engañada por su pareja. Ella lo odia y, a raíz de esta experiencia, ella educa a su hija diciéndole constantemente que los hombres no sirven para nada, que son infieles, que todos los hombres son iguales, etc. Esta niña crecerá con esa información inconsciente que la llevará a atraer parejas que vibren con esa energía y le reafirmen esa información que ella lleva como una verdad.

Sin embargo, las cosas han cambiado mucho desde nuestros antepasados y estamos en la era de la información. Ahora sabemos que esas creencias son regalos que llevan una información y que la información es energía. ¿Te acuerdas de la Ley de la conservación de la energía? Como bien sabes, la energía no se crea ni se destruye, solo se transforma. Entonces, basándonos en esto la buena noticia es que podemos transformar toda la información que llevemos con nosotros. Podemos cambiar nuestras creencias y utilizar esta energía para crear nuevas formas de pensar, creencias potenciadoras y nuevas experiencias de vida.

Te has convertido en el héroe o la heroína de tu vida, el salvador de tu clan familiar porque en tus manos está el poder para cambiar una creencia limitante que ha sobrevivido por generaciones y limitado a tu familia. Gracias a que tú te has dado cuenta de la creencia limitante podrás dejar te tener este pensamiento de carencia que no les ha permitido vivir en la abundancia. En el caso de las niñas que han crecido creyendo que todos los hombres son iguales, es decir, malos, también podrán cambiar esta información y liberarse para poder experimentar el futuro que desean.

Carl Gustav Jung tiene una frase que me encanta y dice así: "Hasta que no hagas consciente lo que llevas en el inconsciente, este seguirá dirigiendo tu vida y tú le llamarás destino".

Y te preguntarás, entonces, ¿cómo cambiamos las creencias?

No podrás destruir tus creencias, pero las puedes transformar en lo que quieras. Es la oportunidad para liberarte de aquello que tú y los tuyos han creído toda la vida. Es el chance para cambiar esa información que ha impregnado generaciones enteras en tu familia y que los ha limitado, que se ha convertido en una profecía autocumplida ya que lo que crees, creas.

Si tienes la cabeza llena de creencias que dirigen tu vida, ya te podrás imaginar que ellas te llevarán a pensar de cierta forma, a sentir de cierta otra, a vibrar y a resonar de la forma en que lo estás haciendo. Fácil, entonces, poder ver que si te vacías de tus creencias limitantes y te llenas de información nueva, tuya, potenciadora, creativa, amorosa, esa será la forma en que vibres y lo que atraigas será coherente con esta nueva forma de energía, ese nuevo tú. No puedes cambiar si no cambias tu energía. Así que manos a la obra.

Una forma de no andar por la vida maldiciendo a todos y a todo es comprendiendo que aquello que tienes es lo que has estado pidiendo.

CAPÍTULO 10

El efecto espejo

Para entender, transitar y poder extraer todo el aprendizaje de tu duelo por separación o divorcio te será muy útil conocer el efecto espejo. Este clásico y poderoso mecanismo psicológico que nos presentó Carl Gustav Jung nos muestra cómo los problemas no son obstáculos, sino son una escuela. Nuestras pérdidas no son una pesadilla, son una oportunidad de aprendizaje. Nuestra pareja no es un dolor de cabeza, es nuestra salvación.

A través de nuestras relaciones con las demás personas y nuestras experiencias podemos crecer, aprender, mejorar y evolucionar. Una ruptura amorosa es una de las experiencias más comunes y dolorosas que existen, pero si está bien vivida y enfocada desde las ganas de superarnos puede dejarnos un poderoso aprendizaje de autoestima y de amor propio.

Como decía Stephen Covey: "La forma en la que vemos el problema es el problema". Entonces te pregunto: ¿De qué forma estás viendo esa ruptura? ¿Qué vas a hacer al respecto? ¿Cuándo vas a buscar el regalo de aprendizaje en tu experiencia?

Una ruptura amorosa puede convertir a una mujer sumisa y frustrada en una mujer que aporte y contribuya al mundo. Un divorcio puede convertir a un hombre en un excelente padre, ya que aprende a apreciar el tiempo que ahora tiene para pasar con sus hijos. Separarnos de un ser querido puede hacer que nos demos cuenta y cambiemos algunos comportamientos manipuladores.

La pérdida de un trabajo puede convertir a un hombre frustrado y con poca autoestima en un creador y constructor de nuevas ideas y oportunidades para otros y para sí mismo. Cada pérdida trae consigo una oportunidad. Lamentablemente, estos beneficios no los vemos hasta que ya hemos llorado y sufrido bastante. Es más, algunos durante toda su vida ni siquiera tienen la suerte de darse cuenta de la existencia de estos regalos ocultos.

¿Por qué tenemos que vivir una experiencia dolorosa para despertar? ¿Por qué no nos entusiasmamos con el aprendizaje sin necesidad de sufrir? La verdad, no tiene que ser así. Por eso, te quiero contagiar en estas páginas las ganas de conocerte y de aprender. Recuerdo que como mencioné antes: "el conocimiento sobre nosotros mismos es el verdadero empoderamiento y para tu suerte o tu pesar las experiencias de aprendizaje parecen nunca acabar".

¿Y si desde hoy decidimos ver las cosas desde un punto de vista diferente? ¿Qué te parece si dejas de maldecir y comienzas a bendecir? Sin duda, esto sería un cambio de energía total.

Una forma de no andar por la vida maldiciendo a todos y a todo es comprendiendo que aquello que tienes es lo que has estado pidiendo.

Recuerda que todos resonamos en nuestro interior. Si no atrajeras a la gente por resonancia, cómo explicas que existen personas que se enamoran de seres humanos violentos que les pegan o maltratan o que tienen relaciones con personas problemáticas y negativas; o personas que queriendo tener hijos se relacionan solo con parejas infértiles o que no quieren tener hijos; o personas que solo tienen relaciones de pareja con adictos.

Si atraes a una pareja con cierto tipo de conflicto es porque tú resuenas en ellos, y algo tienes que aprender de esa experiencia. Pero podrías pensar que eso es imposible, ¿cómo alguien en su sano juicio se buscaría un problema? Seguramente pensarás que escogiste mal, que fue mala suerte o hasta culparías al karma. La respuesta a esto es que no atraes o resuenas desde tu consciente, sino desde tu inconsciente. Y allí está la importancia de limpiar nuestra casa de creencias.

Te explico cómo funciona. Cuando no estás consciente y presente en el hoy, en tu vida, en tu día a día, en tus horas, en tus minutos y en cada momento y paso que das, estás en automático, eres un zombi, un robot y son tus programas inconscientes, tus creencias, tus paradigmas los que dirigen tu vida. ¿Recuerdas de la frase de Jung?

Si no te mantienes presente como un guardián de la puerta de tu mente, las creencias hacen fiesta y luego te tocará limpiar a ti todo el desorden.

Entonces, en el ejemplo anterior es obvio que esa persona que quiere tener hijos, en su plena consciencia, jamás se juntaría con alguien que de entrada le dijera que no quiere tener niños o que es infértil. Sin embargo, sin saberlo, lleva consigo, por alguna razón de su pasado, de su crianza, algo que le dijeron o algo que percibió, información que le diga que tener hijos es un problema, que es mucha responsabilidad. Tal vez esta persona vivió en su infancia algún episodio donde interpretó que era una carga para sus padres o supo de alguna persona que por tener hijos no pudo cumplir sus sueños. Entonces, por resonancia y en pro de su aprendizaje, debido a estas creencias, atrajo una persona que le muestra exactamente lo que necesita vivir para trascender esa información.

El efecto espejo es una forma de ver la vida. En ella te fijas qué es lo que te muestra el espejo y aprendes de esa imagen. Las personas con las que vivimos son las que nos aguantan el espejo para que nosotros nos veamos en él. Imagínate que te arreglas para salir y al verte al espejo no te gusta la ropa que llevas puesta. Definitivamente no vas a cambiar de ropa a la imagen en el espejo, ¿verdad? Ni te vas a enojar con el que te está cargando el espejo para que te veas. Tú vuelves a tu armario y te consigues otra camisa o pantalón que te acomode mejor. Bueno, lo mismo pasa con las experiencias que tienes en la vida. Si no te gustan, las cambias y las comienzas a vivir de una forma que te traiga más bienestar.

La pareja es un espejo espectacular en el que puedes aprender mucho sobre ti y tus creencias. Lo que ocurre casi siempre es que si no nos gusta la imagen que nos muestra el espejo, "matamos" al mensajero; es decir, a la pareja, y obviamente no de una forma literal.

Todo el proceso de aprendizaje se ve interrumpido, ya que o vas cambiando de pareja cada vez que esta no te muestra lo que quieres ver o simplemente vas por la vida sin darte cuenta de nada. En tu pareja te aceptas o te niegas. En tu pareja te reconoces o desconoces. Con ella aprendes o te condenas a vivir el proceso una y otra vez.

La vida es como el colegio. ¿Te acuerdas cuando tenías algún examen? Sabías que si reprobabas tenías que volver a repetir el examen o no pasabas al próximo nivel, pues eso es exactamente lo que ocurre cuando niegas lo que debes trascender. La vida te lo vuelve a poner y te encuentras preguntándote cosas como: ¿cómo es posible que siempre me enamore del mismo tipo de hombre o de mujer y lo único que cambia es el nombre? ¿Por qué siempre me tocan hombres casados? ¿Por qué siempre me tocan parejas mayores que yo, personas infieles o adictas a alguna sustancia?

Y es que el universo es tan sabio que hasta te manda pistas para que conectes la información y así te des cuenta de que es una experiencia repetida y no superada, un examen reprobado, pero igual no lo vemos. Nos condenamos a vivir en el Día de la marmota para siempre. Por ejemplo, imagínate que terminas una relación de pareja y luego te enamoras de otra que tenga el mismo nombre o que trabaje en lo mismo o venga del mismo país. Nada es casualidad. Ya llegó el momento de ver a esas personas a nuestro alrededor como nuestros maestros y no como nuestros enemigos. Recuerda el chiste de las almas en el tren.

Deja de intentar cambiar a tu pareja, porque lo que más intentas cambiar persiste y lo que aceptas te transforma.

CAPÍTULO 11

Llegan tiempos difíciles

Normalmente, tenemos un montón de información acumulada de forma teórica. Nos convertimos en filósofos y nos creemos maestros en la materia de cómo resolver problemas y superar épocas de conflictos. Damos consejos y hasta juzgamos a los "pobres mortales" de nuestros amigos que, según nosotros, no saben cómo gestionar sus penas y duelos. Sin embargo, cuando llegan esos momentos de preocupación, trauma y lágrimas se nos olvida absolutamente todo lo leído, aprendido y filosofado, y volvemos a nuestros antiguos patrones y formas de pensar.

Lamentablemente, es en los momentos de dolor cuando más vulnerable estamos, cuando menos ganas tenemos, cuando las lágrimas no nos dejan ni ver. Justo en ese momento tenemos que ser fuertes, levantarnos, secarnos las lágrimas y salir adelante. Tenemos que estar muy presentes y enfocados para conseguir la fortaleza que no nos permita caer. Debemos estar demasiado dispuestos y conscientes cuando estemos atravesando un mal momento para poner en práctica todos esos conocimientos que hasta ese momento eran solo teoría.

Cuando no lo logramos y nos dejamos vencer por el estrés, nuestro cuerpo funciona inconscientemente desde las creencias y activa sistemas de alarma que dañan nuestra maravillosa máquina (nuestro cuerpo). De esos sistemas de alarma hablaremos más adelante.

Todos alguna vez en la vida nos hemos visto envueltos en situaciones que nos causan frustración, rabia, ira, tristeza, depresión, nostalgia, miedo etc. El problema es que se nos olvida que siempre tenemos opciones. Hay una frase que me encanta que dice: "No es lo que nos pasa, sino cómo lo afrontamos". Entonces, no te olvides que siempre tienes opciones. Un problema o una situación frustrante siempre tiene dos formas de afrontarse: desde el amor o desde el miedo. Tómate un momento para pensar cuál es tu primer pensamiento siempre que algo se sale de control. Date cuenta de que si estás acostumbrado o habituado a pensar desde el miedo, sentirás miedo y tomarás decisiones que te llevarán a vivir en más miedo.

Cuando estamos acostumbrados a percibir un estímulo externo de cierta forma, también lo hacemos con los mismos pensamientos que nos provocan las mismas emociones que, a su vez, nos hacen reaccionar y tomar las mismas decisiones que nos llevarán en la misma dirección de siempre.

Y sin darnos cuenta, tarde o temprano, nos haremos adictos a los químicos que nuestro cerebro constantemente produce, ya que hemos acostumbrado al cuerpo a este tipo de sustancias. De esta forma, caeremos en un ciclo autodestructivo y no sabrás si el pensamiento que tuviste causó el químico que te hizo sentir de la forma en que te sientes o si fue ese químico en tu cerebro el que te hizo tener el pensamiento que te llevó a sentirte de la forma habitual.

Entonces, si sabes que tienes opciones, ¿cuál escogerías? ¿Volver a tu misma forma de percibir, pensar, sentir y actuar de siempre o intentar algo nuevo y diferente? Te presento algunos ejemplos sencillos y así vas practicando con cosas del día a día.

Cómo aprovechar los momentos de conflictos: las peleas

¿Para qué sirven las peleas? Las peleas nos ponen a prueba, nos muestran qué tan seguros estamos de nosotros mismos, qué tan temerosos estamos de perder a nuestra pareja y cuánto somos capaces de ceder y soportar con tal de no quedarnos solos. Nos muestran el nivel de nuestra autoestima, nos permiten conocernos y saber qué papel nos gusta interpretar en nuestra relación. Asimismo, cómo manipulamos y conseguimos lo que queremos. Las peleas y los momentos de conflicto son un espejo que nos permite conocernos y mejorar.

Ya que parecen ser inevitables, utilicemos estas experiencias para conocernos y crecer. Una discusión con tu pareja es una buena oportunidad para ver qué emociones, palabras y expresiones utilizas para defender tu punto de vista.

Un momento de conflicto con tu pareja o con un ser querido es una buena oportunidad para darte cuenta cuál es tu zona de confort, qué papel te encanta representar y para saber cuáles son tus creencias. Una vez que descifres y entiendas tu comportamiento podrás cambiarlo y mejorar. De esta forma, podrás trascenderlo y seguir adelante.

Entonces, si te la pasas peleando y has pensado en separarte de tu pareja o ya estás separado o en proceso de divorcio, cambiar tu forma de ver las cosas te va a ayudar mucho a tomar decisiones y a resolver las cosas de la mejor manera posible.

¿Cuáles serían tus escenarios de aprendizaje en una situación como esta? ¿Qué puedes descubrir sobre ti mismo para que lo comiences a cambiar? Escúchate mientras peleas, escucha qué dices y qué te dejas decir. Date cuenta del tipo de pensamientos que tienes y qué emoción es la que te sobrecoge. Todo esto lo podrás percibir si estás consciente y presente en el hoy.

¿Qué papel te gusta representar? ¿Te encanta ser la víctima o eres el victimario? Utilizas frases como: tú me enfermas, tú me haces enojar, por tu culpa, etc. Déjame decirte que tú tienes el poder de cambiar esto y preguntarte para qué sigues con una persona que te causa tanto malestar. Debes saber que nadie te enferma más que tú mismo. Nadie te hace enojar, tú escoges la opción de enojarte. Tomar el control de tu vida y hacerte responsable de ti activará cambios importantes para tu bienestar.

¿Te encanta el drama? ¿Esperas a que la situación explote en lugar de practicar la buena comunicación preventiva? ¿Estás llamando la atención de tu pareja a gritos literalmente? Averigua por qué necesitas tanto drama en tu vida. Tal vez no te prestaban atención cuando eras pequeño o tal vez te prestaban mucha atención y ahora no la tienes.

¿Aguantas violencia física, verbal o psicológica porque es mejor que estar solo? ¿Aguantas más los golpes que la soledad? Pregúntate cómo está tu autoestima y qué relación tenían en casa tus padres. ¿Crees que no vas a poder conseguir nada mejor? Las personas violentas generalmente no cambian de la noche a la mañana. Seguro han sido personas que tuvieron una infancia con padres o figuras de poder violentos y están repitiendo lo que vivieron. Estas personas necesitan alguna terapia o toma de conciencia. Claro todo es posible, pero pregúntate qué aprendes tú de esta experiencia.

¿Manipulas la situación para conseguir lo que deseas? Todos jugamos un juego para conseguir lo que queremos. Hazte consciente del tuyo, hazte responsable de ti mismo y conviértete en una persona más honesta a la hora de discutir o pelear con tu pareja.

¿Eres sumisa y aceptas todo lo que tu pareja diga por miedo a perderlo? Las mujeres sumisas atraen hombres violentos, ambos tienen carencia de amor desde la infancia y lo tratan de conseguir desde su polaridad.

¿Tienes el empeño de querer que la vida sea como tú quieres que sea y no aceptas que tu pareja te ame a su forma? ¿No has aprendido a leer a tu pareja y no sabes cuáles son sus formas de amar? Una vez que sepas cómo ama tu pareja te darás cuenta de que sí te ama, pero a su manera. Es tu decisión si te quedas con esa persona y aceptas su forma de dar amor o si lo juzgas y te empeñas en cambiarlo.

Deja de intentar cambiar a tu pareja, porque lo que más intentas cambiar persiste, y lo que aceptas te transforma.

Utiliza todas las experiencias de tu vida para aprender, crecer y evolucionar. Conviértete en una mejor versión de ti. Agradece a tu pareja que te sostiene el espejo en el que te puedes observar de una forma como jamás podrías si ella no estuviera. Aprende, deja el orgullo a un lado, baja los puños y observa qué oportunidad de crecimiento te ofrece la situación.

Si reconoces en ti aquello que no te agrada y que prefieres cambiar, lo integras y lo trasciendes, podrás experimentar un cambio en tu pareja ya que energéticamente no te tiene que enseñar ninguna lección o al menos no esa que te estaba mostrando. Por otro lado, tu relación podría terminar de una forma pacífica, porque tu pareja ya no resuena contigo, ya no hay esa energía que lo mantenía atado a ti.

Si resolviste tu situación y seguiste adelante, fuiste capaz de encontrar el regalo de aprendizaje, perdonar y agradecer la experiencia, saliste de ella lo más rápido y con el menor daño causado, entonces no se volverá a repetir. Felicidades, pero debes estar atento a las próximas pruebas.

Por otro lado, si en tu caso todo explotó, las peleas son inaguantables, la relación ya no se sostiene, no quieres seguir con esa persona, crees que no la quieres, hasta te cuesta respirar su mismo aire o, por el contrario, te dejaron y te partieron el corazón y todavía no sabes cuál es la lección que te tocaba aprender, presta mucha atención a todo lo que viene a continuación.

Es muy importante que conozcas cuál es tu situación y por qué sientes lo que sientes.

CAPÍTULO 12

El rompimiento

Sea cual sea la razón del divorcio o la separación siempre duele, y deja un vacío y un duelo por transitar.

Normalmente, una vez que la persona que teníamos al lado se va pasamos por un periodo de acomodación; es decir, nuestro mundo colapsa, todo se rompe en pedazos, perdemos la compostura, el orgullo, nos humillamos, rogamos, hacemos y decimos cosas de las que luego nos arrepentimos. Además, escogemos un estilo de pensamientos, emociones y sentimientos que si los dejamos tomar fuerza nos pueden destruir por completo.

Cuando una relación se acaba sea por divorcio, separación o abandono comienza nuestro camino de duelo.

Miles de cambios de todo tipo llegan para atormentarte y nuevas y desagradables sensaciones te bombardean. No entiendes cómo tu mundo colapsó, qué paso, por qué si todo estaba bien se transformó en una pesadilla, y no paras de preguntarte en qué momento todo se perdió.

Físicamente sentimos que nos morimos cuando se termina una relación y esto se debe a que las mismas regiones del cerebro que se activan con el dolor físico también lo hacen con el dolor emocional. ¿Has escuchado hablar del síndrome del corazón roto? Es cuando por culpa de un fuerte dolor emocional, el corazón sufre todos los síntomas de un paro cardíaco. Te podrás imaginar, entonces, por qué duele tanto.

Nuestro cuerpo pierde la homeostasis, es decir, la capacidad de mantener la armonía, la coherencia, la estabilidad interna. Estás viviendo una situación de estrés que tu cuerpo interpreta como un grave peligro, entonces todos los sistemas de emergencia que tiene tu cuerpo se activan con la finalidad de protegerlo.

Saber qué ocurre dentro de ti, cómo funciona tu hermoso cuerpo en un momento de estrés intenso puede representar una diferencia importantísima en la forma como vivas tu experiencia.

Todo comienza con el eje hipotálamo-pituitaria-glándulas suprarrenales. Tienes un estímulo externo que en este caso sería el problema con tu pareja, pero igual aplica a cualquier otro problema que tengas ya que la reacción será la misma.

Tu hipotálamo interpreta ese estímulo externo como un peligro y lo percibe de esta forma debido a tus filtros; es decir, tus creencias. El hipotálamo manda una señal a la glándula pituitaria, esta manda una señal a las glándulas suprarrenales que liberan el cortisol, la hormona del estrés, que se encarga de mantenernos activos para sobrevivir. Comprenderás que cuando un ser humano se siente en peligro no es momento para descansar, ¿verdad? Entonces, como es este el caso, nuestro cuerpo se activa al máximo para que podamos huir y salvarnos.

En realidad, este es un sistema de alarma que activa nuestro cuerpo para protegernos. El pequeño detalle es que está diseñado desde que el hombre es hombre; es decir, desde la época cuando los peligros a los que estábamos expuestos eran enormes: depredadores voraces, hambrunas, plagas, climas inclementes como sequías o heladas e incluso la oscuridad y esto podría hacerlo parecer un sistema un poco exagerado para los estímulos a los que estamos expuestos hoy en día.

Este sistema de protección funciona muy bien si el estímulo externo fuera un terremoto, tsunami, ladrones, ataques terroristas, guerras, etc. Sin embargo, para bien o para mal este mismo sistema de alarma se activa con la misma magnitud por un divorcio, una pelea, un recuerdo o incluso un simple pensamiento. El estrés que estamos viviendo activa nuestra biología para que esta nos cuide y nos permita sobrevivir.

Obviamente, como te decía, en momentos de estrés no es recomendable relajarse así que no te extrañe que estés en estado de alerta todo el tiempo, aunque intentes calmarte y llevar la fiesta en paz. Si te relajas, "te come el tigre" como dice el dicho.

Otro sistema, el nervioso simpático —que de simpático no tiene mucho debido a todos los estragos que causa en nuestro organismo— también intenta ayudarte a superar la situación. Este sistema evita que te relajes y se encarga de que estés muy alerta. ¿Cómo lo hace? Sigue trabajando con el cortisol, la hormona del estrés, estrechando las arterias para que la epinefrina aumente la frecuencia cardíaca. De esta forma, la sangre bombea de forma más fuerte, más rápida, evitando que te quedes dormido.

Mientras nuestro cuerpo nos mantiene en estado de alerta para protegernos, nosotros, en lugar de entender el proceso y tratar de vivirlo de la mejor manera posible, empeoramos la situación. Le echamos más leña al fuego pasando esas noches en vigilia revisando en las redes sociales cada paso que da la expareja. Así es como se completa el ciclo de noches y noches sin poder pegar un ojo, lo que nos lleva a no poder dejar de pensar y cavilar en lo que estamos viviendo y esto se convierte en un círculo vicioso de dolor, sufrimiento y cansancio.

Si esto ya te parecía suficientemente, todavía no te he contado que el sistema simpático sigue activando cosas dentro de ti. Por ejemplo, tus pupilas se van a dilatar para que puedas ver mejor el medio ambiente que te rodea y al posible depredador. También perderás el apetito y se inhibirá la salivación. ¡Claro! ¿Quién piensa en comer cuando está en peligro? Luego, te aumentará la presión arterial y la frecuencia cardíaca y, por supuesto, los pensamientos obsesivos se mantendrán presentes sumando más malestar. Más adelante, hablaremos sobre el control de los pensamientos.

Hace algunos años tuve la valiosa oportunidad de vivir una experiencia de separación. Fue un increíble aprendizaje al que le debo muchos cambios importantes y lo que soy hoy en día. Esta experiencia, que en el aquel momento veía como lo peor que me había pasado en mi vida y que ahora catalogo como una de las mejores experiencias que he vivido, me llevó a activar todos mis sistemas de emergencia. Para ese entonces no tenía ni idea de lo que ocurría dentro de mí, del caos interno en el que me encontraba, y menos de lo que mi cuerpo desde su más magnánimo amor hacia por mí.

Yo solo creía que estaba estresada por la separación y que me quería morir. Recuerdo que fantaseaba con la idea de la posibilidad de que me extrajeran las partes del cerebro responsables de los pensamientos y emociones para no sufrir más. Solo sentía que el miedo era demasiado intenso como para poder soportarlo, que no habría manera de salir del hueco donde me encontraba. No entendía por qué no tenía hambre y por qué podía pasar minutos interminables con el mismo bocado de comida en la boca para al final botarlo. No había forma ni manera de tragarlo, ya que no producía saliva que me ayudara a deglutir los alimentos.

Perdí mucho peso y mi cabello comenzó a caerse. No podía dormir, las lágrimas me salían disparadas por los ojos en todo momento y no importaba si tenía gente en frente o estaba sola. Mi boca estaba tan seca que no había cantidad de agua en el mundo como para hidratarla, mi corazón latía a mil por hora y esto no me permitía estar en calma en ningún momento del día. Fueron tiempos de absoluta desolación y dolor.

Hoy puedo asegurar que de haber sabido que todo eso que ocurría dentro de mí era porque mi cuerpo había activado sus alarmas, hubiera reaccionado distinto. Me hubiera gustado saber, al menos, que teníamos sistemas de alarma, que el estrés funciona de esa forma y que podía calmarlo si me hacía consciente de esto. De seguro, hubiera sido más fácil si activaba mi sistema parasimpático, si controlaba mis pensamientos de terror y me amaba mucho.

Y por eso es que me entusiasma tanto poder compartirte esta informal explicación de lo que sucede dentro de nosotros.

Si te identificas con este caos interno, si lo has vivido o lo estás viviendo ahora mismo, estás definitivamente viviendo un duelo. Si estás leyendo este libro quiere decir que buscas ayuda para salir de allí y eso quiere decir que ya entraste en tu camino de sanación.

Esta es una etapa importante de búsqueda y sanación. Reconoce que estás de duelo y permítete vivirlo. No recurras a salidas rápidas. Aquí no aplica el dicho de que un clavo saca a otro clavo. No salgas corriendo o huyendo de tu dolor. El duelo hay que transitarlo y si no estás bien no estás preparada para comenzar otra relación.

Si no esperas hasta estar bien y sentirte bien, si no has aprendido tus lecciones, entonces el universo sabio y magnífico se va a encargar de mandarte a otra pareja exactamente igual para que vivas la misma experiencia que no superaste y será mucho peor porque ya tienes heridas de guerra. Cualquier otra herida podría ser mortal.

Entonces, siempre es bueno mantener la calma. Debes saber que el mundo no se va a acabar, que la vida sigue y que tenemos que ocuparnos de nosotros en este momento difícil que estamos transitando.

Reconocer que estamos en un proceso de duelo y transitarlo conscientemente evitará que nos quedemos a vivir en él eternamente. Nos mantendrá atentos a nuestra vulnerabilidad y evitará que pensemos que solo seremos felices si estamos al lado de alguien. Sabremos que el amor no se suplica ni se mendiga. Entenderemos que nadie se queda obligado.

Canción 4: Quédate

Esta canción la escribí cuando creía que el amor se mendigaba y que tenía que suplicar para que alguien se quedara a mi lado. Pero la vida se encarga de enseñarte que el que te quiere se queda por siempre, ni siquiera tienes que pedírselo y mucho menos ponerte de rodillas. Pero está bien, eso se llama "período de crecimiento y maduración" y siempre te lleva a un final feliz. Ámate tanto como para saber que vales mucho y así si alguien decide irse de tu vida tengas el poder, el desapego y el verdadero amor como para bendecirlo y desearle buen viaje.

https://www.youtube.com/watch?v=r32084vnYfg

CAPÍTULO 13

El camino a tu sanación

Hemos llegado a la parte del libro donde vamos a hacer algunas paradas en nuestro camino. Me imagino que si estás emprendiendo este viaje conmigo es porque has tenido una pérdida, sientes dolor, tristeza, ira, miedo y estás sufriendo. Razón suficiente para decidir dar el primer paso. Vamos a concentrarnos de ahora en adelante en qué hacer para lograr sentirnos mejor.

En este camino del duelo tenemos que hacer tres paradas:

Primera parada: la toma de control

Lo primero que tienes que hacer es tomar el control de tu vida, retomar tu poder personal, hacerte cargo, ponerte al volante, tomar las riendas, agarrar al toro por las astas, reconocer que las cosas no te están saliendo como habías planeado, reconocer que te sientes mal, reconocer que tú eres tu responsabilidad, porque solo puedes cambiar aquello que te pertenece.

Te advierto que vas a tener que comprometerte contigo, que ningún libro, audio, terapeuta, psicólogo, *coach*, psiquiatra, mejor amiga, madre, etc. podrá hacer algo por ti si tú no decides colaborar contigo. De seguro, por momentos va a parecer imposible de lograr, será difícil, puedes pensar que no tiene sentido, pero al final del camino te darás cuenta de que valió la pena.

Piensa que recaerás muchas veces en tus antiguos patrones de pensamiento y de sentir, pero, poco a poco, te irás fortaleciendo. Es como cuando un niño comienza a caminar: si se cae y a la primera renuncia jamás aprenderá. Así que ¡ánimo! No te rindas, vuélvete a levantar cuantas veces sea necesario. Por más duro que parezca siempre hay una solución, siempre sale el sol, siempre amanecerá y la mejor recompensa de no rendirte es que al final del camino siempre estarás tú, siempre te tendrás a ti, ese tú que aprendió en el camino, ese tú que creció, que evolucionó, ese tú feliz, ese tú satisfecho.

Es necesario que te adueñes de tu vida, porque no se puede cambiar nada que no sea tuyo. Imagínate que yo llegara hoy a tu casa, tocara la puerta y al abrir te sorprendo diciéndote que vengo cambiar toda tu decoración. Seguro pensarías que he perdido la cabeza y estarías en lo cierto, ya que nadie puede cambiar nada que no le pertenezca, y la decoración de tu casa no me pertenece a mí, ni tu vida. Entonces, solo tú puedes hacer esos cambios, el pequeño detalle es que primero tienes que volver a tener el control sobre ti.

¿Por qué es tan importante comenzar de adentro hacia afuera? Albert Einstein decía que los problemas no se pueden solucionar desde el mismo nivel de pensamiento, de conciencia o energético en el que fueron causados. Es decir, tenemos que evolucionar, aprender, crecer o al menos habernos calmado para tener la capacidad de resolver la situación en que estamos.

Vamos a comenzar cualquier cambio que queramos en la vida por nosotros.

Esto no parece tan difícil y no lo es para nada, pero sí requiere de un compromiso serio y amoroso contigo. La única forma de retomar el poder personal es a través del amor propio. El amor es el combustible que vas a necesitar para poder hacer este viaje.

Hace más de dos mil años, el maestro Jesús nos dejó un mensaje poderosísimo que nos invitaba a amar a nuestro prójimo como a nosotros mismos. Sin embargo, es una pena que la parte de "como a nosotros mismos" se nos ha olvidado ponerla en práctica. Nos dedicamos a atender a los demás sin tomar la precaución de observarnos y ver si estamos bien, si tenemos algo que dar o al menos algo de calidad que realmente aporte a los demás. No estoy diciendo que atender a los demás sea malo, estoy diciendo que antes de salir a darlo "todo" te cerciores de tener el tanque lleno.

Normalmente, lo que ocurre es que, en lugar de salir a la calle vestidos de amor, listos para ofrecernos al mundo, plenos de autoestima, sin complejos, celos, sin comparaciones o competitividad, salimos a la calle desnudos, desnutridos, necesitados, dando migajas para luego exigir que sean otros los que nos vistan de amor, mendigando para que otros nos nutran y nos cuiden. Si sales a la calle cableado de esta forma, al no encontrar lo que buscas, solo sentirás la necesidad de encontrar algún culpable de tu pena, de protestar y reclamar al mundo entero por no haber recibido lo que creías que merecías por derecho propio.

No podemos dar nada que no tengamos. Así que, si no te decides hoy mismo a reconstruir tu autoestima, lo que tendrás para ofrecer será un amor compulsivo, obsesivo, celoso, competitivo, violento tanto verbal, físico o psicológicamente, un amor inmaduro y dependiente. Y ya has visto que estos ingredientes no preparan precisamente un rico alimento para el alma ni el cuerpo.

Entonces, la invitación es a volver a nosotros y ser proactivos. ¿Qué significa eso? Sencillamente, es dejar de culpar a los demás por lo que pasó, dejar el papel de víctima, dejar atrás los resentimientos y construirte de nuevo.

Las personas proactivas hacen su propio destino y no se excusan detrás del determinismo genético. Seguro habrás escuchado a alguien decir frases como: "bueno como yo nací así no puedo hacer nada para cambiar", o "mi mamá tuvo tal enfermedad y yo seguro la tendré" o "todos en mi casa tenemos mal carácter no esperes que reaccione de otra forma", etc. Si quieres saber más de este tema, investiga sobre epigenética.

Las personas proactivas no culpan a sus padres por la vida que llevan, sino aceptan sus experiencias del pasado y extraen el aprendizaje de cada una de estas. Las personas que tienen el control de su vida no malgastan su energía culpando a su jefe, pareja, hijos, situación económica, política, al presidente de turno, etc., sino se dedican a solucionar todo lo que sea su responsabilidad.

Eleanor Roosevelt decía que nadie podía herirnos sin nuestro consentimiento y es verdad. Así que ya llegó el momento de quitarle a las otras personas el control que tú mismo les entregaste.

Ten en cuenta que solo tenemos resentimientos y rabia cuando no hemos vivido a plenitud. Así que hazlo, ama sin restricciones y sé coherente contigo, entrégate al amor con sentido común y respeto hacia ti y hacia los demás. Di lo que quieras decir y haz lo que quieras hacer cuando tengas la oportunidad de hacerlo. No postergues, no dejes nada para después, ya que en ocasiones no existe un mañana. Si eres responsable de tu vida, si has recuperado el control, podrás vivir a plenitud. De esta manera, no sentirás tanto arrepentimiento o nostalgia por las cosas que hiciste o dejaste de hacer.

Pero ¿cómo te conviertes en una persona proactiva, una persona dueña de tu vida? El primer paso es reconstruyendo tu autoestima, luego aprendiendo a reconocer pensamientos autodestructivos y saboteadores y cambiándolos por pensamientos que te traigan bienestar. Por último, debes darte cuenta cómo te expresas. Cada uno de estos pasos complementa al otro. Una persona que se ama no se sabotea con sus pensamientos ni tampoco se destruye con palabras que al momento de salir de su boca provocarán pensamientos acordes con las palabras que golpearán su autoestima.

Si trabajas en tu autoestima, cambias tus pensamientos saboteadores y tu forma de hablar, podrás retomar el control.

Comienza con lo más fácil: dedícate a reconocer en tu día a día qué palabras y oraciones son parte de tu vocabulario destructivo. Debes estar atento a cada frase que sale de tu boca. Esto te permitirá comenzar a hacer los cambios que necesitas. No es lo mismo decir "nunca lo voy a lograr, no sirvo para esto, nadie me quiere, la culpa de todo la tiene fulanito" que decir "todo es posible, estoy capacitado para esto, tomará un tiempo, pero lo lograré, yo soy responsable de lo que hago con mi vida".

Son pequeños detalles que harán una enorme diferencia en tu vida. Te invito a hacer una lista de tus frases y palabras cotidianas con las que te refieres a ti y a los demás. Si en tu lista descubres frases autodestructivas y saboteadoras, aprovecha para cambiarlas por frases y palabras más empoderadoras. Las palabras conllevan energía y tienen el poder de crear. Todo lo que te digas te empodera, te fortalece y te anima. Entonces, ¿qué deseas crear para ti?

Por otro lado, ¿dónde se consigue eso de amor propio o autoestima? Desde que nacemos hasta el día de hoy, la mayoría de nosotros nos hemos ido destruyendo poco a poco más que construyendo. Nacemos con un diseño original con toda la garantía de que funcionará a la perfección. Sin embargo, hay un día, un evento, una circunstancia, una percepción que nos hace girar en la curva equivocada y a partir de allí todo cambia.

Ese diseño original comienza a tener sus primeros fallos el día en el que descubrimos que pertenecer a un grupo es de vital importancia para nosotros y hacemos cualquier cosa para lograrlo, incluso convertirnos en alguien que no somos solo para que nos acepten; el día en que pensamos que es más importante agradarle a los demás que a nosotros mismos; el día que nos comparamos con todos y dejamos de gustarnos.

Dejamos de amarnos el día en que creímos que estaríamos mejor dejando que otros nos cuidaran o nos hicieran feliz, en lugar de encontrar nuestra propia felicidad dentro de nosotros. En ese momento dejamos de tener el control.

Comenzamos a depender de las valoraciones que otros hacen de nosotros, a necesitar la aprobación de los demás para sentirnos conformes con lo que somos. Es en cada uno de esos eventos que nos dejamos para después, que nos ponemos en segundo lugar y dejamos de amarnos a nosotros mismos.

Así vamos por la vida cual zombis sonámbulos despedazándonos a cada paso. Hasta que un día nos damos cuenta de que algo nos falta. Bendito ese día en que abrimos los ojos nuevamente y nos damos cuenta de tantas cosas. El día en el que decidimos recolectar cada uno de los fragmentos que formaban nuestro hermoso ser.

Ese día todo comienza a tener sentido y volvemos a amarnos nuevamente, tal cual somos. Nos damos cuenta de que pasar tiempo solo con nosotros no es tan mala idea, aprendemos a disfrutar de nuestra propia compañía, nos reconocemos, nos permitimos volver a hacer cosas que nos gustaba hacer. Ese día decidimos respetarnos más, cuidarnos, valorarnos, darnos el lugar que nos merecemos dentro de nuestra propia vida.

Si todavía no sientes que este día te ha llegado, si todavía no encuentras el camino de retorno a amarte a ti mismo, si no has podido hacer la conexión o si quieres fortalecer tu autoestima puedes practicar con estos sencillos ejercicios.

Solo necesitas anotar las respuestas a estas preguntas e ir cambiando las respuestas a lo que sea más conveniente para ti.

1. ¿Cuáles son las formas en que claramente sientes que no te estás amando? ¿Qué cosas haces o dejas de hacer que no te suman ni te construyen? Por ejemplo: No me amo cuando no me respeto, cuando dejo que los demás decidan por mí, cuando no me acepto como soy, cuando me someto a dietas inhumanas que dañan mi cuerpo. No me amo cuando me comparo con los demás y siempre me pongo por debajo de ellos. No me amo cuando permito que mi pareja me falte al respeto, me golpee o me prohíba cosas.

____

2. Si tuvieras un mejor amigo o amiga, ¿cómo quisieras que fuera? Luego de anotar las características que quieres que tenga esa persona, primero conviértete tú en eso que escribiste. Haz que tu demanda se convierta en tu oferta.

____

3. Si pudieras describir cómo quieres que sea tu pareja ideal o qué características te gustaría que tuviera esa persona, ¿qué desearías? Y si tuvieras el poder de cambiar a tu pareja, ¿qué cambiarías? Todo

lo que escribas de esa persona lo tienes que ser primero tú. ¿Queda claro?

____

Ten cuidado y no confundas amor propio y vanidad. Estas son dos cosas diferentes. Seguimos con las listas, concéntrate en demostrarte todo tu amor a través de los cuidados que te des.

4. ¿De qué forma te cuidas de exponerte a situaciones que te traigan malestar? Obviamente hay situaciones en la vida que no puedes controlar, pero yo me refiero a las que sí puedes evitar. Por ejemplo: revisar redes sociales de una expareja, seguir en contacto con una persona tóxica, perderte en recuerdos que te causan sufrimiento, etc.

____

5. ¿Qué pensamientos tienes y mantienes en tu cabeza? ¿Son positivos o negativos? Pensar una y otra vez en eso que te hace daño, ¿te trae algún beneficio?

____

6. Escribe cuál es tu diálogo interno habitual. ¿Qué te dices? ¿Es positivo, constructivo, empoderador o, por el contrario, es saboteador y destructivo?

____

7. ¿Te conoces? ¿Sabes qué te gusta hacer? ¿Cuál es tu color preferido y por qué? ¿Qué música te encanta? ¿Lo que piensas que eres y

tus gustos son tuyos o los tienes por influencia de algún grupo o pareja?

Si no sabes cómo amarte a ti mismo, ¿cómo pretendes amar a los demás? Si no sabes qué te gusta o qué te hace feliz ¿cómo le vas a pedir a los demás que lo sepan? Te invito a buscar y a encontrar debajo de tanta ropa, tanta vida, tantas cosas, tantos recuerdos a ese verdadero tú.

Esta primera parada sirve para que te encuentres, mires hacia adentro y descubras quién eres verdaderamente, para que te vacíes de todo lo que llevas dentro que ni siquiera es tuyo. Mucha de esa información no la pusiste tú, sino la pusieron tus padres, tus familiares, las sociedades, Hollywood con sus películas y estereotipos de parejas y formas de comportarse, tus grupos de amigos con sus propias inseguridades, etc.

Deja de construirte con la basura de los demás. Ten paciencia, tienes mucho tiempo siendo alguien que no eres. Date tiempo y comienza de nuevo cuantas veces sea necesario. Te darás cuenta de que allí dentro hay un ser humano mágico, fuerte, amoroso, poderoso, único, fantástico, hermoso, y sabio que está esperando que le abran la puerta.

Imagínate como un escultor que día a día entra en su estudio a esculpir la obra más maravillosa que exista: tú. Si un día te cansas, si no vuelves más a trabajar, esta hermosa escultura quedará incompleta. Así que no te rindas.

Para poder pensar en un nuevo futuro más feliz y prometedor tienes que atreverte a ver hacia adentro, encontrar tus vacíos, enfrentarte a tus peores miedos, limpiar la casa y convertirte en tu primer admirador.

Conviértete en tu propio Pigmalión. ¿Has escuchado hablar de esta historia? Este mito griego habla sobre Pigmalión, un escultor fantástico y el rey de Chipre. Cuentan que cansado de buscar a la esposa ideal prefirió dedicar sus días a esculpir. Decidió hacer una escultura de una hermosa mujer a la que llamo Galatea. El cuento en corto es que se enamoró de la escultura y de tanto besarla, amarla, alabarla y hablar de lo perfecta que era, un día esta se convirtió en una mujer de verdad.

Hoy en día se utiliza esta historia para explicar el efecto que puede tener una persona sobre otra. El efecto Pigmalión se usa en psicología, pedagogía, *coaching* y otras disciplinas para explicar la influencia positiva que tiene una persona sobre otra. Como lo que nos digan nuestros padres, maestros, familiares, amigos etc. tiene el poder de moldear nuestras capacidades y hasta nuestros destinos. Se relaciona también con las profecías autocumplidas que mencionamos anteriormente que nos dicen que lo que crees es lo que creas.

En el transcurso de nuestra vida nos encontramos con pigmaliones positivos que nos ayudan con nuestra estima, que nos hacen sentir que sí podemos y que de forma casi hipnótica nos empujan a lograr lo que nos proponemos.

Sin embargo, por otro lado, como siempre hay dos caras de una moneda, también existe el efecto contrario, el Efecto Golem. Este efecto muestra cómo ciertas personas tienen poder para influenciar nuestras vidas, como sus comentarios, insinuaciones y lo que piensen sobre nosotros puede destruir nuestra autoestima y de cierta forma obstaculizar nuestro destino.

Esta primera parada es para que decidas si quieres ser tu propio Pigmalión o tu Golem, porque como decía Henry Ford: "Tanto si piensas que puedes, como si piensas que no puedes, tienes razón".

Si has viajado en avión, seguro has escuchado a la azafata decir que primero te pongas la máscara de oxígeno tú y luego procedas a ponérsela a tus acompañantes. Y esto parte del mismo principio de que no puedes dar nada que no tengas. Si no puedes respirar, ¿cómo vas a poder ayudar a alguien más? Si no tienes amor propio, ¿qué crees que vas a dar?

Hace un tiempo trabajé con un caso que puede ejemplificar esto. Una vez atendí a una mujer maravillosa, pero muy infeliz. Para ese momento venía a sanar un duelo por el síndrome del nido vacío. Este se da cuando los hijos crecen y los padres se descubren viviendo una vida sin sentido para ellos; es decir, al no tener hijos en casa y sentirse solos viene la pregunta típica ¿si no soy madre o padre quién soy ahora?

El centro de atención de su vida se había ido y no sabía qué hacer con su vida. Esta persona se quejaba, porque estaba completamente rota, esa fue la palabra que usó cuando se describió. Me decía que después de tanto dar a sus hijos estos no la llamaban, no la atendían, no la visitaban. Me contaba que se sentía sola y sin identidad. Con los puños cerrados juraba que si no la querían entonces ella no los iba a querer más. Sus quejas y reclamos salían de su boca a la misma velocidad que sus lágrimas corrían por sus mejillas.

Obviamente esta mujer amaba a sus hijos y jamás los dejaría de querer, pero estaba atravesando una etapa de su vida que no sabía cómo manejar. Les dio todo lo mejor y todo su amor, pero dio desde la carencia, desde un amor que esperaba algo a cambio, un amor con letras pequeñas y condiciones. Cuando amas desde la carencia, no consigues recargar combustible con nada. Estás dando para esperar a cambio. Ella entregó tanto sin darse la oportunidad de nutrirse que se secó, se vació, se rompió. Nunca te rompas tu para mantener pegados los pedazos de los demás, porque al final del día a alguien le querrás cobrar por los destrozos. Cuando das desde el vacío lo que viene después es el resentimiento, porque siempre esperarás algo a cambio por tus servicios de amor. La frase "cómo me va a dejar si yo le di mis mejores años", explica muy bien esto.

La reconstrucción de la autoestima es un camino que comienzas un día y nunca paras de recorrer. No es algo que tiene un tope. Es un trabajo constante, es demostrarse a diario lo valioso que eres para ti mismo. Es un camino lleno de detalles y cuidados. Es el camino de retorno hacia tu interior, el camino del amor. Es la gasolina que te moverá por el trayecto hasta la felicidad y la plenitud. Es el combustible que te garantizará el éxito en tu camino de sanación.

Entonces, debemos trabajar el autoestima y cambiar nuestro lenguaje autodestructivo. Más adelante hablaremos de cómo controlar los pensamientos saboteadores.

Canción 5: Hoy volví a verte

Esta canción habla de cuando terminas con alguien, pero sigues pensando en esa persona como un ser único y mitológico, imposible de reemplazar. Ese recuerdo constante que te atormenta, ese pensar recurrente en lo atractiv@ que era, lo que te gustaba su perfume y otras cosas más. Siempre con la sensación de que te perdiste de algo. Sin embargo, un día te encuentras con él/ella y te das cuenta de que no sientes nada, que ya ni siquiera te gusta y que el hecho de tenerla en un pedestal por tanto tiempo te estaba retrasando en tu camino. Es ese momento de la liberación del fantasma del ex que te perseguía a todas partes y te hacía compararlo con todo el mundo. Ese momento mágico que te devuelve la paz y que además te hace darte cuenta de que esa experiencia no resultó tan mala como pensabas, te ha hecho más fuerte y te ha dejado toneladas de aprendizajes. Pasas de recordarlo con nostalgia a agradecerle por las lecciones aprendidas.

https://bit.ly/3gsqoOY

Segunda parada: honrar tus heridas

Una vez que tienes el control y que estás enfocado en ti ya puedes seguir hacia adelante.

Aunque te parezca raro, en esta parada te vas a bajar a llorar, gritar, patalear y sacar todo lo que tienes dentro. Así que busca tu pañuelito, porque lo vas a necesitar.

En esta parada vas a honrar tus heridas. Ya sabes cuál es tu duelo, sabes lo que te pasó y dónde te duele. Tal vez tu caso sea que te dejaron por otra persona, decidiste terminar con la relación, te botaron del trabajo, falleció un ser querido, te mudaste de país, sientes que te estás haciendo viejo, estás enfermo, entre otras cosas.

Pues este es el momento de honrar ese dolor, darle el espacio para que pueda ser y luego desaparecer.

Cuando luchamos en contra de algo ese algo persiste y se hace más fuerte. No sé si te ha pasado que alguna canción que escuchaste y que no te gusta se repite en tu cabeza una y otra vez y no puedes sacártela. Pasas días poniéndole resistencia, cada vez que te encuentras cantándola la tratas de silenciar rápidamente. Te molesta encontrarte cantando esa canción que no te gusta y no te das cuenta que la solución es todo lo contrario. En lugar de luchar contra ella lo que la sacará de tu cabeza es darle el espacio de sonar; es decir, cantarla a todo pulmón para sacarla de adentro.

Honrar tus heridas te da la oportunidad de tener un encuentro con tu dolor, de verlo a los ojos y de hacer todas las preguntas que te ayuden a comprender la razón por la que te sientes como te sientes.

Cuando nos ocurre algo que nos duele, la conducta habitual es querer estar bien de inmediato y es que es lo que nos han enseñado desde pequeños. Cuando de niños nos caíamos y llorábamos siempre salía alguien en nuestro rescate: mamá o papá nos secaban las lágrimas, nos pedían que no lloremos más y nos decían que todo estaba bien. No estamos acostumbrados a lidiar con el dolor. Si algo nos duele, inmediatamente nos tomamos una pastilla para sentirnos mejor. De esta forma, nunca tratamos la raíz del asunto, sino los síntomas. Vivimos aprendiendo a tragarnos lo que duele en lugar de comprender lo que realmente sentimos.

Y si no sabemos cómo vivir con el dolor, ¿cómo lo vamos a sanar? Silenciamos el dolor, lo metemos debajo de la alfombra y esto solamente agrava la situación, porque nos convertimos en ollas de presión vivientes que vamos explotando de tanto en tanto sin razón aparente. Somos volcanes a punto de estallar con el primero que nos pase por delante, y a veces por razones que no merecen tal explosión. Luego, nos preguntamos por qué tenemos malas relaciones interpersonales.

Lo que hacemos una y otra vez sin darnos cuenta es ponerle una bandita o curita a una herida infectada y eso solo retarda el desenlace de algo peor. Tenemos que limpiar bien nuestras heridas para que estas puedan sanar.

Una vez tuve la oportunidad de atender a una señora a la que se le había muerto el hermano y había venido conmigo para que la guiara en su duelo. Me dijo que no quería seguir triste por la muerte de su ser querido. Entonces, le pregunté si quería mucho a su hermano, y me respondió que lo adoraba. Le dije que hacía cuanto había muerto, y me contestó que hacía dos semanas atrás.

Me asombré porque pensé que por la insistencia en no estar triste me diría que el hermano había fallecido hace más tiempo. Le pregunté que por qué no se permitía sentir tristeza y me respondió que ella era una mujer muy activa y que estaba a la cabeza de una organización con muchas personas a su cargo. Sencillamente por eso y porque era mujer no se podía permitir mostrar debilidad. Si te das cuenta, ocultar nuestras heridas y tratar de taparlas o esconderlas, sin darnos cuenta, tarde o temprano nos pasará factura. Un duelo hay que transitarlo, la tristeza hay que sentirla y llorarla.

Un problema adicional que nos estamos causando nosotras mismas como mujeres es que con lo del empoderamiento femenino nos estamos prohibiendo la vulnerabilidad. Nos estamos privando del sentir, porque "tenemos que ser fuertes". La fortaleza no viene de no llorar o de parecer más fuertes o poderosas que los hombres, de lograr cargos mejor pagados o más prestigiosos.

Nada de eso te hará sentir más fuerte si no te amas y te conoces a ti misma muy pero muy bien. El conocimiento es poder, pero el conocimiento de nosotras mismas es el verdadero empoderamiento. Si necesito llorar o sentir tristeza o ser vulnerable, entonces me lo permito y eso es lo que me hace fuerte. Darme mi espacio para ser y existir tal cual como soy.

Privarte de sentir tus emociones dará apertura a una segunda emoción que simplemente esconderá a la primera y que finalmente solo traerá más problemas. ¿Segundas emociones? Sí, seguro te preguntarás si existen. Siguiendo con el ejemplo anterior, te explicaré cómo funciona esto de segundas emociones.

Supongamos que la persona que atendí decide no mostrar su tristeza y vulnerabilidad, ya que esta no es, según ella, una emoción socialmente aceptable actualmente. Inevitablemente su cuerpo que sí necesita drenar esta energía por algún lado, descubre que la ira parece ser una emoción más aceptada en su entorno, ya que la hace parecer incluso más poderosa.

Entonces, esta segunda emoción comienza a manifestarse en ella. La convierte en una mujer de muy mal humor, enojada todo el tiempo y de muy malas pulgas. Sus relaciones se harán cada día más ásperas y ella se volverá con el tiempo una mujer amargada. Esta emoción secundaria cubrirá capa por capa a la primera emoción. La dejará en el olvido y cuando esta persona se cansé de vivir en la ira y quiera sentirse mejor y autogestionar sus emociones se encontrará que nada puede hacer para tratar esa rabia, ya que no es con la rabia con la que tiene que trabajar.

Tendrá que descubrir que debajo de todas esas capas de rabia en la profundidad de su corazón sigue su tristeza sin poder expresarse. Tendrá más tarde que temprano que dejar salir toda esa tristeza que se negó a sentir alguna vez.

Si estamos viviendo un duelo, quiere decir que, dentro de nosotros, en el pecho, tenemos un charquito de agua estancada y si no drenamos esa agua se va a llenar de mosquitos, bichitos raros y nos va a traer enfermedades. Sabías que el agua que se estanca trae enfermedades, ¿verdad? Y justo eso lo que ocurrirá si no expresas o lloras tu dolor, se transformará en alguna enfermedad.

Una vez que hemos decidido vivir el duelo es importante saber que hay una diferencia entre honrar las heridas y enamorarse o hacerse adicto al dolor y al sufrimiento.

Para evitar caer en la adicción al dolor y al sufrimiento bastan dos cosas: primero, es necesario reconocer tus tiempos y ponerte un límite; es decir, preguntarte y responderte con honestidad cuánto tiempo vas a llorar. Durante ese tiempo, llora todo lo que quieras, haz tu *playlist* de canciones de despecho, de bar, tus rancheras y boleros y llora a placer. Saca todo lo que tienes dentro, deja el terreno libre para que cuando llegue el momento tengas espacio para sembrar las semillas de un nuevo comienzo.

Lo segundo que debes hacer para no enamorarte de tu dolor y sufrimiento es que tienes que enamorarte de ti. Ámate tanto como para no permitirte sufrir por gusto una vez que hayas cumplidos tus tiempos.

El sufrimiento es muy diferente a sentir dolor. Buda decía que el dolor es inevitable, pero el sufrimiento es opcional.

El dolor es físico, natural y necesario para vivir. El dolor nos advierte de algo que tenemos que atender, una herida, una enfermedad, una pérdida. El dolor tiene un sentido biológico, es el cuerpo comunicándose contigo.

Cuando algo te duele vas al doctor y le muestras o le dices dónde te duele, ¿verdad? Pues el dolor es un mapa hacia tu herida y una vez que sabes dónde está la herida procedes a sanarla y curarla. Utiliza tu dolor para saber que debes sanar.

El sufrimiento, por otro lado, es opcional. Es no aceptar la vida como es, sino como quisiéramos que sea. Es no fluir, es negarnos, es ser víctimas y no querer soltar aquello a lo que estamos aferrados.

Sufrir es una opción que escogemos cuando nos da demasiado miedo vivir.

Es tu decisión si tomas la experiencia y te quedas a vivir en ella. Vas a quedarte pensando, sintiendo y reviviendo cada detalle a diario hasta hacerte adicto a la situación, hasta identificarte profundamente como esa persona a la que se le murió alguien, o a la que botaron del trabajo o a la que dejaron por otra. Si tomas ese camino, te estarás negando la oportunidad de reinventarte, de reconstruirte, de rearmarte y volver a comenzar un poco más sabio.

Conocernos y no permitirnos enamorarnos del dolor y el sufrimiento es una tarea que tiene mucho que ver con nuestro amor propio. Porque si nos amamos, no nos provocaríamos sufrimiento, no nos permitiríamos tener pensamientos autodestructivos y saboteadores, cuidaríamos nuestro dialogo interno y no nos permitiríamos hacernos sufrir con nuestros sentimientos.

Seguir adelante con nuestras vidas es honrarnos a nosotros mismos y en el caso de los que transitan duelo por muerte es también hacerles un buen homenaje a los que se fueron.

El duelo hay que verlo como un camino de crecimiento que nos va a llevar a la liberación del dolor si decidimos mostrarnos la puerta de salida. Cada etapa de nuestro duelo debemos respetarla y vivirla de una manera consciente.

Todo proceso de duelo requiere un encuentro con tu dolor, con el respeto que te mereces y la autovalidación. Vuelve a ti, pues en cada experiencia de la vida hay un regalo oculto. Solo debes entrar a ese corazón roto y encontrar el regalo.

Estamos en este mundo para crecer y evolucionar y la mejor forma es a través de las experiencias con las demás personas. Ama tus experiencias buenas, y de las malas extrae el aprendizaje y sigue adelante.

El tiempo que pases en esta parada depende de ti. Todos somos diferentes, pero casi siempre la duración lo determina el que tan dependiente seas de la persona o situación que cambió, de que tan adicto seas a tu sufrimiento, de que tan víctima te sientas y el tiempo que tardes en descubrirlo.

Una vez seas consciente de tu situación, todo dependerá del empeño y el amor que pongas en tu sanación y la capacidad que vayas desarrollando para controlar tus pensamientos, ya que estos serán los responsables de tus emociones, tus decisiones y de tu destino.

Nadie se muere por la mordida de una serpiente. Nos morimos por el veneno que nos corre por las venas. La mordida es lo que nos pasó, pero el veneno es todo lo que permites que te digan, lo que te dices, lo que te inventas, lo que te imaginas o alucinas, el material que permites que flote en tu mente día a día y con el que construyes cada uno de tus pensamientos. Todo eso es tu decisión y tu responsabilidad para contigo mismo.

Todas las situaciones que vivimos son el resultado de nuestro estado mental, así que si no te gusta lo que estás viviendo comienza por limpiar tu mente. Sácate el veneno y deja espacio para lo bueno.

Canción 6: Hoy lloro porque quiero llorar

Esta canción habla de la necesidad de llorar ese charquito de lágrimas que tenemos dentro. Lo que no se llora se transforma en enfermedad así que si tienes ganas de llorar hazlo. Eso sí, no te enamores de tus lágrimas, permite que salgan, que laven tu cara y que se sequen con el viento hidratando tu piel. Para algo deben de servir, ¿verdad?

https://bit.ly/3k4fmSh

Tercera parada: ponte en acción

Ponte en acción. Si no haces nada por ti, nadie más lo hará. Esta parada es para que te bajes y consigas todas las herramientas o ingredientes con los que te puedas rehacer, te cuides y te ocupes de ti. Si no haces nada por ti, nadie lo hará y no porque la gente sea mala. No, nada de eso. Es porque todo el mundo está demasiado ocupado tratando de vivir su vida. Todos están demasiado sumergidos en sus tragedias, en sus mares y aguas emocionales como para levantar la cabeza y ver que te estás ahogando al lado de ellos.

Esta tercera parada es para que te salves y te conviertas en alguien tan maravilloso que puedas salvar a los demás.

Mi proceso no fue tan largo, porque así lo decidí. Creo que, en lugar de caminar, corrí desesperada para encontrar la salida de esta etapa de mi vida que me estaba consumiendo. Tal vez, justamente, porque como me conocía y sabía que era como una de esas protagonistas de novela que le encantaba llorar y que todos a su alrededor la consolaran, me encantaba ser la víctima. Me di cuenta de que si me quedaba mucho tiempo protagonizando ese papel no encontraría la salida, entonces una fuerza interna que apareció en ese momento me obligó a buscar las soluciones a mis problemas. No me iba a permitir quedarme en el sufrimiento por mucho tiempo.

Recuerdo que cuando estaba atravesando por mi hermoso —ahora lo recuerdo como hermoso, pero en su momento dolía y bastante— proceso de duelo, una de mis mejores amigas me dijo: "Ahh es que a ti te hirieron el ego, tu herida está en el recuerdo". Para mí eso fue como un ¡eureka! o una epifanía. Inmediatamente, me puse en acción y comencé a investigar qué era el ego y cómo era posible que mi herida estuviera en el recuerdo. ¿Será que yo era responsable de mis recuerdos? ¿Acaso los recuerdos podían estar heridos? ¿Podía yo curar los míos?

Miles de preguntas vinieron a mi mente y desde el amor más intenso que sé que tenía en algún lugar escondido, encontré las fuerzas y me puse en acción. Comencé a buscar las respuestas y me comprometí con mi proceso de sanación.

Una vez que ya había tomado el control de mi vida, había decidido hacerme responsable y dejado el papel de víctima, lloré mi dolor hasta encontrar mi herida. La limpié y dejé lista. Comencé entonces a construir bases sólidas para esa nueva Yo en construcción. Me di el tiempo para reconocerme y escuchar en mis silencios todas las respuestas. Comencé un proceso de autoindagación; es decir, conocerme para sanarme. Entendí que, si no sabes que te duele, ¿cómo lo vas a sanar?

¿Sabes tú cuál es la causa real de tu sufrimiento? ¿Es amor o apego? ¿Es la necesidad de alguien porque si estás solo no te sientes completo? ¿Es la necesidad de alguien que te haga feliz porque no has entendido que la felicidad depende de ti? Quizá todavía no has podido comprender que la vida es un ciclo inevitable de nacimientos y muertes, y que en lugar de lamentarnos por la muerte de algún ser querido podríamos enfocarnos en el agradecimiento de haberlo conocido y haber podido compartir con esa persona el tiempo que estaba estipulado para eso. ¿La causa de tu sufrimiento es acaso el orgullo de que las cosas no salieron como querías? ¿Te cambiaron por otra u otro? ¿O solo es la falsa creencia del fracaso?

No fracasamos por divorciarnos, perder un trabajo, tener que comenzar de cero en otro lugar o por hacernos mayores. Fracasamos cuando perdemos la oportunidad de ver el regalo de aprendizaje en las experiencias, y vamos por la vida viviéndolas una y otra vez.

Entonces, descífrate, encuéntrate, descúbrete debajo de todas esas capas de ropa que has llevado toda la vida poniéndote encima para ocultar a tu verdadero Yo. Encuentra lo que debes sanar y sánalo.

Esta es la parada para ponerte en acción; es decir, para hacer algo que te haga sentir mejor. Dentro de ti están las respuestas para el camino.

Hace un tiempo me contaron un cuento que quiero compartir contigo, tal vez le encuentres sentido.

Había una vez un dios que quería ocultar a sus hijos "la verdad absoluta, esa que contenía todas las respuestas" con la finalidad de que estos tuvieran que hacer un poco de esfuerzo para encontrarla y en el camino vivieran experiencias que los hicieran aprender cosas importantes para su evolución.

Esta tarea se las asignó a unos angelitos muy traviesos y pícaros que aceptaron encantados la misión. Los angelitos comenzaron las investigaciones sobre cuál sería el lugar más seguro para esconder "la verdad absoluta, esa que contenía todas las respuestas". Uno de ellos saltó emocionado y dijo: ¿qué les parece si la escondemos en el pico de la montaña más alta? Los otros angelitos respondieron que no, alegando que seguro encontrarían la forma de escalar la montaña y encontrarían así a la verdad. A otro angelito se le ocurrió esconderla en las profundidades del océano, pero los demás ángeles dijeron que no, porque seguro iban a construir una forma de bajar hasta lo más profundo y allí la encontrarían.

Cada uno de los ángeles planteó distintas opciones: dentro del volcán más profundo y caliente, en la cueva más lejana, en el centro de la tierra, etc., pero no se ponían de acuerdo. De pronto, uno de ellos dijo: ya sé, la esconderemos dentro de cada uno de los hijos del Dios, en su corazón, allí jamás la encontrarán. Y así fue, desde entonces la "verdad absoluta, esa que contiene todas las respuestas", todos los remedios para sanar, todas las pomadas, todos los mapas y las brújulas quedo guardada en el lugar menos buscado.

¿Te parece conocida esta historia? Cualquier parecido con la realidad es pura coincidencia. Sin embargo, te invito a que nunca dejes de buscar dentro de ti las respuestas para todo aquello que necesites. Te invito a que sigas buscando dentro de ti las respuestas de tu bienestar.

Mientras descubres qué acciones tomar para sentirte mejor, te invito a bailar.

Canción 7: Embrujo gitano

Esta canción la escribí para compartir algunas "recetas milenarias" de cómo sanar un corazón roto. No, mentira. No son milenarias y a veces tampoco sirven de mucho. Pero estoy segura de que te pondrán de buen humor y esto te dará fortaleza para que te pongas de pie e intentes salir adelante. Bailar, cantar, reír, te ayudarán a conseguir el antídoto para terminar con el dolor. Y si no te sirve, guarda todo ese sufrimiento en un frasquito de medicina que estoy segura de que más temprano que tarde aprende a sanar.

https://www.youtube.com/watch?v=zHqA16RbcPY

Una emoción es una respuesta del cerebro a un estímulo externo que nos invita a movernos.

CAPÍTULO 14

Las emociones

Nos había quedado pendiente el tema del control de los pensamientos como método para retomar el control y conseguir sanarnos.

Es casi imposible no darnos cuenta de la influencia que tienen sobre nosotros los pensamientos, emociones y sentimientos. La cantidad de tiempo que perdemos sumergidos en pensamientos catastróficos y en pesadillas que jamás se hacen realidad. Estos pensamientos, además, tienen el poder de evocar emociones y sentimientos que empeoran la situación.

Visto que vivimos la película que nosotros mismos nos ponemos, entonces por qué no aprender a cambiarla, a escoger una película que nos guste protagonizar y con la que nos sintamos cómodos, que nos emocione de la manera correcta. Todo esto lo puedes conseguir manejando tus pensamientos que, a su vez, controlan tus emociones y sentimientos.

Las emociones se estudian desde el siglo IV a.C. hasta nuestros días. Todos los días escuchamos algo sobre ellas: desde cómo gestionarlas hasta la inteligencia emocional —tan de moda últimamente—, pero lo más importante es que vivimos a diario con ellas. Algunos van por la vida atormentados por sus emociones; otro más bien en modo de disfrute, pero tarde o temprano es a través de ellas que aprenderemos las lecciones importantes de nuestra vida.

Si dependemos tanto de nuestras emociones, entonces es de suma importancia que sepamos algo sobre ellas: ¿Cómo funcionan? ¿Cómo podemos ponerlas de nuestro lado? ¿Qué son?

Cuando estamos de duelo, las emociones juegan un papel muy importante en nuestra vida. En cada una de nuestras paradas durante este camino de sanación hemos llevado con nosotros una mochila cargada de emociones. Algunas veces hemos sentido constante miedo o tal vez no hemos parado de llorar nuestras tristezas por todas las esquinas; quizás hemos estado pasando de una rabieta a otra. No importa cuál sea la emoción que nos haya estado acompañando en el camino. Lo importante es estar consciente de ellas, aprender a gestionarlas, y ubicarlas en el asiento trasero y no como conductoras de nuestro proceso.

Durante un periodo de duelo, las emociones son nuestro pan de cada día, nuestra forma de ver y comprender al mundo en esos momentos donde todo es gris. Sin embargo, no todo es malo. Las emociones bien gestionadas nos traen infinitos beneficios. Las emociones nos protegen, nos avisan de los peligros, nos guían y nos cuidan.

¿Cómo nos cuidan? Krisnamurti decía que el cuerpo tiene su propia inteligencia, pero que había que tener mucha inteligencia para poder escuchar la inteligencia del cuerpo. Esa inteligencia de la que nos hablaba Krisnamurti es la misma que hace que sigas respirando aun cuando estás durmiendo, la que hace que tu corazón bombee sangre a todos los órganos de tu cuerpo, la que mueve tus piernas para que camines sin que tu intervengas y las emociones forman parte de esta inteligencia.

Las emociones son herramientas inteligentes que nos pone a nuestra disposición nuestro cuerpo para protegernos y debemos ser lo más inteligente posible para poder escuchar lo que nos quieren decir.

Una emoción es una respuesta del cerebro a un estímulo externo que nos invita a movernos. La palabra emoción viene del latín *emovere* que quiere decir moverse hacia o desde un lugar otro.

Las emociones nos protegen cuando nos ayudan a movernos a otro lugar donde vamos a estar mejor. Aquí es donde aparecen las mal interpretadas emociones positivas y negativas. No son positivas por que sean buenas y negativas porque sean malas. Son positivas, porque nos acercan a las cosas o personas que nos causan bienestar; y son negativas, porque nos alejan de ese algo que nos causa malestar.

Las emociones son automáticas, no las podemos controlar. Ellas se expresan en nuestro cuerpo como respuestas automáticas al estímulo externo. Son de corta duración, aparecen y nos libran de la situación. Nos mueven hacia ese estímulo externo de bienestar o nos alejan del estímulo desagradable y cuando su misión está cumplida se desactivan.

La emoción y la memoria van de la mano. En nuestro cerebro los encargados de esto son el hipocampo y la amígdala. Todo lo que recordamos de nuestra vida es porque ha sido algo que nos ha emocionado. Y este trabajo de recordar algo gracias a la emoción se hace para protegernos; es decir, si es algo que nos causó dolor y sufrimiento jamás lo olvidaremos.

Esto no sucede por maldad, sino por amor. Nuestras emociones nos protegen para que de esta forma no repitamos una situación que nos haya causado daño. De la misma forma, sucede, al contrario, si lo que recordamos nos agrada y es bueno para nosotros tampoco lo olvidaremos. Todo esto con la finalidad de que lo repitamos.

¿Ya sabes por qué la mayoría de nosotros no recuerda una clase de matemáticas o de física? Pues, porque no hubo ninguna emoción ligada a estos eventos.

Entonces, por un lado, la mala noticia es que jamás olvidarás lo malo que te haya ocurrido. El hipocampo funciona como tu guerrero en el cerebro y estará siempre al pie del cañón para que jamás olvides lo que te pasó y no te tropieces con la misma piedra dos veces. La buena noticia es que a pesar de que no podrás olvidar lo que te pasó si puedes resignificar lo ocurrido; es decir, cambiar la emoción que impregnó ese acontecimiento.

¿Cómo resignificas un evento doloroso de tu vida? Cuando comprendes la situación en lugar de juzgarla, cuando cambias la energía de ese recuerdo que tanto tormento te trae, cuando decides recordarlo de una forma más provechosa para ti, cuando decides extraer el aprendizaje de lo ocurrido y entender que siempre hay un para qué en todas las situaciones que experimentamos.

Tipos de emociones

Las emociones se pueden clasificar en negativas y positivas dependiendo de lo que pensemos del estímulo externo con el que nos encontramos. Este estímulo puede ser visual, auditivo, olfativo, un recuerdo o un pensamiento. Y nuestro cuerpo reaccionará de la misma forma. No importa si te topas de frente con tu ex o si simplemente te acuerdas de esa persona.

Emociones negativas

Imagínate que un día vas caminando por un centro comercial y mientras paseas tranquilamente de tienda en tienda, a lo lejos, ves a tu expareja. Lo que va a suceder inmediatamente es que tu hipotálamo se pondrá a trabajar y hará un escaneo del estímulo (expareja). Tu hipotálamo —como necesita con urgencia tener el panorama cubierto con la intención de protegerte— inmediatamente acude al hipocampo y a la amígdala, quienes se encargan de guardar los recuerdos y las emociones específicas de este estímulo externo (expareja).

Todo este proceso será visto y analizado por tu hipotálamo, hipocampo y amígdala a través de tus filtros de percepción llamados creencias y paradigmas; es decir, tu forma de ver y entender el mundo. Entonces, la conclusión sobre tu expareja no ha sido muy placentera. Todo lo contrario, verlo te trajo recuerdos que te causaron ansiedad, tristeza, y rabia. La función de estas emociones suscitadas en ti será de protección.

Inmediatamente, estas emociones te moverán y dirigirán en la dirección contraria. Tus emociones te habrán protegido y alejado de ese estímulo externo que según tu sistema de defensa identificó como un peligro. En este caso tendrías que agradecer a tu rabia o a tu tristeza el que te hayan puesto a caminar en dirección contraria, que te hayan protegido de caer en una situación que para ti es tóxica o simplemente desagradable.

Resumiendo, un estímulo externo crea un pensamiento y estos activan emociones que nos harán tomar decisiones específicas: actuar y movernos en direcciones coherentes con la experiencia que estamos viviendo.

Emociones positivas

Por el contrario, si el estímulo externo es percibido como algo positivo —por ejemplo, vas caminando por un centro comercial y a lo lejos divisas a una vieja amiga a la que quieres mucho y hace tiempo que no ves— activará los centros de placer en tu cerebro o circuitos mesocorticolímbicos. Estos recordarán que existe una relación agradable con ese estímulo y producirán una emoción como la alegría, por ejemplo. Esto hará que salgas corriendo a saludarla y abrazarla, porque la emoción te acercará a ese estímulo externo que te causa algún bienestar.

Ya sabemos que la función de los centros de placer es activarse con estímulos externos que nos causen bienestar y crear una relación entre estímulo y placer con la finalidad de que repitas esa actividad que trae algo positivo a tu vida. Estos se activan con la comida para que nos alimentemos y podamos nutrir a nuestro cuerpo. También con las relaciones sexuales y el placer para que podamos vivir en pareja, acompañarnos, apoyarnos, reproducirnos y de esta forma mantener a la especie en el planeta.

Sin embargo, hay que prestar mucha atención cuando desde un desequilibrio propio emocional hacemos relaciones que no nos son del todo constructivas con estímulos externos tóxicos.

Por ejemplo, si estamos atravesando un duelo y tomamos alcohol para olvidar nuestro dolor, obviamente este nuevo estímulo externo (el alcohol) nos hará sentir mejor porque nos ayudará a olvidar lo ocurrido y nuestros centros de placer en el cerebro harán una relación de placer con el alcohol. Sin embargo, el alcohol más que ayudarnos a solucionar el problema, o a sobrellevarlo, nos creará un problema adicional.

Se necesita estar bien centrado, bien reconectado, amarse mucho y estar en control de uno mismo para que estos centros de placer no se activen con actividades destructivas que nos distraigan del camino de sanación. Esto aplica para conexiones que hacemos con las drogas, el sexo, el cigarro, las compras en exceso, las apuestas, y otras formas tóxicas que encontramos para salir de un problema, como por ejemplo el pensamiento clásico de pensar que un clavo saca a otro clavo.

¿Qué tipo de emociones tenemos?

Depende del autor que revisemos, podemos encontrar entre cuatro a seis o más emociones.

En las páginas siguientes nos vamos a concentrar en las cuatro básicas: el miedo, la tristeza, la alegría y la ira.

Debemos aprender cómo funcionan estas cuatro, el efecto que tienen sobre nosotros incluso aprender a agradecerles por su ayuda y protección nos va a servir de base para saber cómo gestionar al resto de las emociones que nos vayan sorprendiendo en la vida.

El miedo

Vamos a comenzar esta exploración por las emociones que aparecen durante el duelo con la primera emoción registrada en el ser humano: el miedo.

Desde la época de las cavernas, el hombre ha tenido que lidiar con el miedo a los grandes depredadores, a la oscuridad, al inclemente clima y a muchas otras situaciones reales, incluso tuvo que aprender a lidiar con el miedo de las situaciones imaginarias que aparecieron con el desarrollo y evolución de sus cerebros.

El miedo —todo lo contrario a lo que hemos creído siempre— es una emoción que merece un espacio dentro de nosotros. Es una emoción negativa que nos protege, porque nos aleja de la situación que nos causa un malestar. En lugar de huir de él y evitarlo, tenemos que aprender a escuchar qué nos quiere decir.

Algunas veces lo que hace el miedo no es alejarnos de la experiencia, sino que nos manda una señal para que vayamos con cuidado. Si no escuchamos y más bien huimos, perdemos una gran oportunidad en la vida.

Otras veces ese miedo sí actúa como un real protector y nos aleja de la experiencia para protegernos. Por ejemplo, cuando sentimos ese no sé qué al asociarnos con alguien que no nos da buena espina, ese mal presentimiento nos protege de hacer un mal negocio, pero por no escuchar a nuestro miedo dejamos de hacer lo correcto.

Si sientes miedo de empezar una nueva relación, ¿qué te está queriendo decir tu miedo? Quizá te quiere mostrar que esa persona no es la indicada, pero como tú no lo escuchas te entregas por completo a una nueva relación que desde el comienzo te está mostrando señales de fracaso.

No te olvides que fue gracias al miedo que esos primeros seres humanos en cavernas, sin herramientas, sin electricidad, sin tecnología y con muy poco cerebro, sobrevivieron. Creo que vale la pena escucharlo, sino como vamos a saber lo que nos quiere decir.

¿Cómo funciona el miedo?

Primero debes saber cuáles son las formas en que podemos sentir miedo: esta emoción puede ser expansiva y hacernos huir o nos puede llevar a buscar refugio dentro de nosotros. En ambos casos hay un estímulo externo que sea como sea no nos está gustando y debemos analizar por qué.

Hay personas que por miedo corren; otras, más bien, se esconden. Imagina que de pronto sientes el movimiento del piso bajo la silla y ves que todo comienza a caer de las paredes. Inmediatamente, piensas que es un terremoto. Este es tu estímulo externo que luego interpretarás. De pronto, tu cerebro comienza a buscar información en sus archivos y, a través de tus filtros, aparece un pensamiento. Dependerá de este la emoción que se active. En este caso, se dispara tu miedo y esta emoción decide tu accionar. Si crees que estar debajo de una mesa es lo más seguro, ahí terminarás. Si por el contrario lo que siempre has escuchado es que hay que salir corriendo hasta encontrar un lugar seguro, entonces huirás del lugar. Todas tus acciones son producto de tus pensamientos aderezados de tus creencias. Entonces, ¿cómo podemos escuchar lo que nos quiere decir si estamos aterrados?

Cuando estamos transitando un proceso de duelo, el miedo parece ser un compañero indeseable y siempre presente. El miedo tal vez te haga querer apartarte de todos y de todo. Quizá te haga huir y esconderte.

¿Alguna vez se te ha pasado por la cabeza preguntarle a tu miedo a qué le tiene miedo? ¿Alguna vez te has detenido a preguntarle a tu corazón por qué late a tanta velocidad cuando ves a tu ex? ¿Por qué te sudan las manos cuando piensas en la próxima entrevista de trabajo que tendrás? O ¿por qué lloras cuando te acuerdas de tu ser amado fallecido?

Cuando tus miedos tienen una base real es necesario pedir la ayuda pertinente. Pero cuando tus miedos vienen de tus pensamientos aterradores, situaciones imaginarias, conversaciones que ensayas en tu cabeza una y otra vez y nunca se hacen realidad, apegos a cosas o personas que ya no están. Entonces, estás viviendo en una pesadilla, y tú mismo te metiste en ella por el simple hecho de no saber cómo autogestionarte. La solución está dentro de ti. Si cambias tus pensamientos, anularás al miedo.

¿A qué le tienes miedo?

Si has decidido recorrer este camino de sanación, te darás cuenta de que el miedo puede ser tu compañero inseparable en tu primera parada. Esto sucede cuando decides tomar el control de tu vida, dejar el papel de víctima, enfrentarte al hecho de que solo quedas tú, solo tú corres con las consecuencias de tus decisiones y solo tú eres responsable de todo lo que ocurra en tu vida.

Este descubrimiento suele darnos mucho miedo, ya que es más cómodo que otro sea el culpable y el responsable de que no hayamos podido cumplir nuestros sueños. En esta primera parada es posible que comiences a cuestionarte todo lo que haces, a buscar excusas para no seguir adelante y si te detienes un momento podrás encontrar la verdadera respuesta.

A veces el miedo en su afán de protegernos nos paraliza, nos confunde, busca excusas para detener el viaje. Solo sabrás el verdadero mensaje que te quiere dar tu miedo cuando logres escuchar en tus silencios más profundos, cuando logres llevar luz a esa oscuridad. Te darás cuenta de que después del miedo, te estará esperando todo eso que siempre has querido tener, experimentar, vivir, conseguir, amar, sostener, abrazar, crear.

Cuando consigues el valor para preguntarte a que le tienes miedo, es más fácil encontrar la respuesta correcta. Tal vez te des cuenta de que la situación horrible y amenazadora que te estás imaginando cada vez que piensas en ese hipotético encuentro con tu ex o en tu próxima entrevista de trabajo no es tan grave como la visualizas. Cuando te haces esta pregunta, la respuesta segura te guiará hacia tus inseguridades y vacíos. Encuentra esos vacíos y comienza a llenarlos con materia fértil, semillas que den nuevos y mejores frutos que comiencen a nutrirte de adentro hacia afuera.

Cuando lo que te sostiene es tu propia fortaleza, cuando lo que llevas por dentro es luz, amor y paz interna no habrá oscuridad dentro y fuera de ti que no puedas iluminar, y cuando puedas ver todo con claridad nada ni nadie te podrá asustar. Busca dentro de ti las respuestas. Eso te permitirá saber cuándo huir, cuándo quedarte y reconocer cuándo te estás autosaboteando.

Pronto te darás cuenta de que el miedo se desvanece cuando le das espacio para ser, cuando lo dejas hablar. Dale el volumen correcto a tus miedos y comprenderás la forma en que quiere protegerte.

Mantente en el presente, no te sometas al miedo que causa ir al pasado o al futuro.

Ámate tanto que no seas tú el causante de tu miedo, ni permitas que nadie te asuste con pesadillas que no te pertenecen.

La tristeza

La tristeza y el duelo van de la mano. Distinto a como siempre la hemos visto, la tristeza es de gran ayuda en momentos de pérdidas y cambios dolorosos en la vida.

En este camino de sanación, te invito a que veas a la tristeza como una gran avenida de dos vías, ambas repletas de maravillosas posibilidades para sentirnos mejor cada día.

Estas grandes vías son las formas que la tristeza encuentra para movernos. ¿Te acuerdas de *emovere* en latín? La tristeza nos mueve del lugar en el que nos encontramos, en donde no nos sentimos bien y nos da la posibilidad de ir a uno nuevo donde podemos comenzar de cero.

La sanación

Esta calle nos llevará directo a la ruta interna. Siempre es mejor comenzar de adentro hacia afuera. Este trayecto de la sanación es un regalo de ti para ti.

Nos daremos cuenta de que la tristeza puede ser nuestra fiel compañera en la segunda parada cuando honremos a nuestras heridas, pero no desecharemos la posibilidad de volvernos a encontrar con ella o con cualquier otra emoción en el camino. Si te la encuentras nuevamente por ahí, no la rechaces, invítala a pasar, siempre llega con un regalo en las manos, siempre tiene una lección que enseñarnos y que de seguro será muy útil.

Como te decía, en la segunda parada honraremos a nuestras heridas y lo más seguro es que te encuentres cara a cara con tu tristeza. Pero esta vez o por primera vez en tu vida, tu tristeza te guiará hacia la sanación. La sanación te llevará hacia adentro para que comiences a reconstruir desde lo más profundo.

Cuando la tristeza te invita a quedarte en la cama, a apagar el teléfono, la luz, a cerrar la puerta, a llorar o a pensar, solo desea volver a ti y conseguir las respuestas que te ayudarán a sanar. Por muy mal que te sientas, enfócate en ver la oportunidad de crecimiento que yace detrás de tus lágrimas.

Cuando te sientas con ganas de nada, aprovecha ese momento para llenarte de todo y sanar. Solo tú puedes limpiar una herida que está dentro de ti.

Es desde el amor propio y la decisión de estar mejor que entenderás que para recibir a la alegría deberás hacer espacio para ella. Ve paso a paso, honra a tus heridas, sana a través de la guía de la tristeza, agradécele la sabiduría y despídete de ella, crea espacio para tu nueva vida.

La curación

Esta es la otra vía que utiliza la tristeza para ayudarte a salir de tu duelo con las manos llenas. Solo la podrás tomar una vez que te has sanado y ya comprenderás por qué.

La curación es lo contrario que la sanación, es de afuera hacia adentro, es toda esa ayuda que viene de afuera, tus amigos, padres, pareja, compañeros, familia, incluso gente que ni siquiera conoces que vienen en tu ayuda en esos momentos de duelo.

El cuerpo humano funciona desde una sabiduría tan infinita y divina que a través de nuestras emociones también nos conecta con otros seres humanos. La tristeza de uno es la oportunidad de curar para otros, de ser más humanos, más dadores, más empáticos. No sé si te has dado cuenta de que nuestro cuerpo es tan inteligente que se calma cuando alguien te brinda un pañuelo para las lágrimas o te regala un abrazo. Es esa conexión mágica entre otras cosas la que hace que la tristeza sea tan necesaria entre los seres humanos.

Cuando curamos a otros hermanos de camino se genera dopamina, la hormona del placer, tanto en el curador como en el curado. El curador siente placer al ayudar a otros, y la relación entre placer y la actividad genera lo que lo motivará a repetir esta actividad. Por otro lado, el curado genera dopamina por el placer de sentirse atendido, querido, valorado y libera dopamina que lo ayuda a sentirse mejor. Esto, sin duda, lo ayuda en su sanación a través de la curación.

Sin embargo, hay que prestar atención, ya que de nada vale que tengas el mejor equipo de apoyo del planeta, que vengan a tu rescate tus amigos, vecinos, padres, médicos, mirones y asomados, si tú no has hecho tu trabajo de sanación.

No sirve de nada que venga el mejor cirujano del mundo a coserte la herida si te la cierra y está infectada. De nada vale que vengan tus amigas o amigos y te saquen de fiesta si tú te estás llevando el caos en la cabeza a la disco.

La sanación y curación tienen un trabajo en equipo, de adentro hacia afuera y de afuera hacia adentro, ¿*capisci*?

Agradece a la tristeza que te lleva de adentro hacia afuera y te hace volver a ti, buscar salidas, descansar, conectarte con aquellos que te aman y que vienen a curarte. Ten cuidado con lo que piensas ya que tus pensamientos tienen el poder de devolverte a la "escena del crimen" y de hacerte sentir lo mismo que sentiste en ese momento. No te hagas eso a ti mismo, ni siquiera a veces. Mantente en el presente y sé fuerte, siempre con paso calmado, pero seguro.

Compartir un dolor es dividirlo y debilitarlo, pero compartir una alegría es multiplicarla. No te olvides cuando estés bien de llevar tu alegría a todos aquellos que contribuyeron en la tuya y más allá.

Canción 8: Si me ves... a veces

¿Qué quería transmitir con esta canción? Quería que supieras que a veces para sanar es necesario llorar y llorar hasta quedarnos dormidos, escaparnos y visitar los mismos lugares que nos traen recuerdos tristes, extrañar hasta que se borren las huellas de la piel y perdernos en los mismos pensamientos de dolor hasta desgastar el recuerdo mismo y que de esta manera desaparezcan de nuestra mente. Lo que niegas te somete y lo que aceptas te transforma. Así que acepta que todavía estas enganchad@ en ese pasado con esa persona, cosa o situación. Recuérdalo una vez más y déjalo ir para siempre.

https://bit.ly/3i61uFj

La alegría

La alegría es una emoción positiva, porque nos mueve hacia ese estímulo externo que nos causa bienestar. Nos hace salir y conectarnos con los demás seres humanos, con el entorno, nos hace ser empáticos, nos invita a compartir, a construir y a crear vínculos.

El estudio más largo que se ha hecho en la historia se hizo en la Universidad de Harvard y trataba sobre la felicidad, sobre descubrir qué es lo que nos hace felices. Se tomó una muestra variada de personas con diferentes clases sociales, razas, religiones, etc. y durante setenta años se estudiaron sus vidas para llegar a la conclusión de que las personas más felices no habían sido las que habían logrado sus metas o habían conseguido tener una posición económica acomodada, entre otros logros, sino las que habían construido y mantenido vínculos afectivos de calidad con otras personas. ¿Eso nos da que pensar verdad?

Cuánto tiempo pasamos en la oficina o cuánto tiempo pasamos en casa rodeados de máquinas en lugar de personas. Se supone que trabajamos para darle a las personas que queremos todo aquello que pensamos que necesitan, pero dejamos de darles lo que realmente necesitan: tiempo para conectar, para estar juntos, para construir recuerdos y memorias, para abrazarnos y besarnos, para jugar y vernos a los ojos, compartir, apoyarnos, contenernos y conocernos.

Si queremos mantenernos más en la emoción de la alegría debemos tomar cartas en el asunto y saber que lo más importante es saber que lo más importante es lo importante.

Hay una gran diferencia entre ser felices o estar alegres, y la confusión entre estos dos estados nos puede traer conflicto. La alegría es una emoción que nos conecta a la vida. Como toda emoción es momentánea y depende de los estímulos externos. La felicidad es un estado del ser, es algo que somos y que no depende de nada que venga de afuera, porque la creamos desde dentro.

Podemos ser felices sin necesidad de estar saltando y carcajeándonos a cada momento por todo, y podemos ser muy infelices detrás de una gran sonrisa. La felicidad viene de adentro, es una decisión diaria de conectarnos con el agradecimiento y de ver la abundancia y no la carencia en lo que nos rodea; es decir, contar nuestras bendiciones y no estar al pendiente de lo que nos falta, sentirnos tan plenos y completos que no nos quepa dentro ni un solo juicio hacia los demás ni un solo reproche para nadie, solo amor para dar y compartir.

Hay un dicho que dice que una sola de tus sonrisas puede cambiar la química del universo y que tu enfado también. Por eso, pienso que, en el camino a la felicidad, la alegría nos sirve de conductor. Conectarse con la emoción de la alegría nos prepara el cuerpo para recibir a la felicidad.

Si estamos sumidos en el dolor, es comprensible que no tengamos ganas ni de sonreír, pero, poco a poco, debemos encontrar esos pequeños espacios en que podamos pintar sonrisas en nuestros labios y corazón, en que podamos sanar, curar, honrar a ese amor perdido, rendir homenaje a ese ser que se adelantó, reconocer nuestros esfuerzos de superación personal con una sonrisa. Algunas veces nos tomarán de la mano, incluso a la fuerza, y nos arrastrarán a ese campo de alegrías con la intención de que nos perdamos en la deliciosa felicidad.

Por esta imperiosa necesidad de sentirnos mejor, te dejo algunas pequeñas actividades que puedes hacer para ayudarte en la búsqueda de esa sonrisa que encienda el motor de tu auto y te lleve directo hacia la felicidad:

❧ La música es una mágica herramienta para subirnos el ánimo y hacernos sentir más alegres. Hacer un *playlist* con música alegre y llena de energía que nos saque las sonrisas con cada nota es súper fácil y recomendable si estás buscando un encuentro con tu felicidad.

❧ Practicar algún deporte, ya que es bien sabido que nos ayuda a liberar hormonas como la serotonina, la dopamina y las endorfinas, hormonas que se encargan de transmitirnos sensaciones de placer, reduciendo la ansiedad y el estrés. El deporte también te llena de energía y te mantiene ágil y activo. Si lo practicas al aire libre, te conecta con el entorno y te trae bienestar y, en algunos casos, implica relacionarse con otras personas así que ayuda con la socialización.

❧ Una técnica para activar la emoción de la alegría a diario es procurarnos a voluntad pensamientos acordes con lo que queremos sentir. Tenemos más de sesenta mil pensamientos al día y es nuestra responsabilidad a cuáles les prestamos atención. Si estamos desanimados y tristes, podemos regalarnos pensamientos sobre nuestros seres queridos, logros del pasado, mascotas, viajes que hemos hecho donde la hemos pasado bien o si eres más del futuro podrías regalarte pensamientos sobre esos logros que deseas conseguir o simplemente mantenerlos en el maravilloso presente.

❧ Si sonríes mandarás la instrucción al cerebro de liberar hormonas acordes con tu expresión facial. Si te encoges de hombros y arrugas el ceño igualmente obtendrás una respuesta acorde por parte de tu cerebro. Esto no es más que la emoción buscada.

Las reacciones de las emociones que sentimos se aprenden, entonces es importante que el ejemplo que les demos a nuestros hijos sea potable y ecológico para que tengan una vida positiva y feliz. No basta con ser inteligentes y saber cómo resolver ecuaciones y problemas sobre papeles, también es importante saber cómo relacionarnos emocionalmente.

Otro estudio de Harvard demostró que las personas más felices no eran las más inteligentes, las que tenían un coeficiente intelectual alto, sino las que tenían una inteligencia emocional activa. Este tipo de inteligencia también incluye la capacidad que tenemos de saber leer a las otras personas, sus expresiones faciales, su lenguaje corporal, su energía, y hasta cuánto tiempo nos tomamos en pasar la página luego de una situación que nos mueve el piso.

En estos días estamos tan desconectados de todo que no somos capaces de mirar a los ojos a nadie. Nos subimos al elevador y todos sumergimos nuestras cabezas en el celular y nos perdemos la posibilidad de conectar con el corazón de otro ser humano. Esto siempre me ha llamado la atención y cada vez que subo a un ascensor trato de saludar. A veces tengo que hacerlo más de una vez, porque pareciera que la gente, al subir al elevador, queda sorda o algo parecido, también sonrío y trato de buscar el contacto visual. Lamentablemente, en la mayoría de los casos, no consigo más que un saludo entre dientes y hasta con un ligero recelo como queriendo decir "qué querrá esta loca".

Tuve la oportunidad hace un tiempo de viajar al lago Titicaca en el mágico y hermoso Perú. Conocí la isla de Taquile, donde viven personas maravillosas. Inteligencia emocional es lo que sobra en cada uno de sus habitantes. Aprendí que ellos utilizan su vestimenta para comunicar sus emociones. Utilizan sombreros de colores específicos y con adornos determinados para indicar a los demás cuál es su estado de ánimo actual, entre otras cosas que quieren comunicar como su estado civil, etc. De esta forma, todos pueden ayudarse unos a otros. Eso me pareció fantástico. ¡Imagínate si hoy llevo mi sombrero de tristeza y todos vienen a abrazarme y a contenerme!

Y nosotros, en las grandes ciudades, ni siquiera tenemos el valor de mirarnos a los ojos.

La ira

La rabia es la emoción negativa por excelencia. Es una energía expansiva, es esa fuerza que nos mueve a poner límites, a protegernos de algo, a empujar, a gritar, a tirar cosas y, a su manera, nos aleja de esos estímulos del entorno que nos causa malestar. Es muy probable que en nuestro duelo nos tengamos que enfrentar más de una vez con la roja ira.

Aristóteles decía que lo difícil no era molestarse, sino molestarse con la persona indicada por la razón correcta, el tiempo pertinente y con la intensidad adecuada.

Y tal vez estos fueron los primeros intentos de cultivar en nosotros la inteligencia emocional.

La ira o la rabia hay que educarla. Al igual que las demás emociones, necesitan un espacio para ser escuchadas y necesitan ser autogestionadas para que nos puedan mover de una forma primitiva de expresión a otra más evolucionada y efectiva.

Hoy en día, la mayoría de nosotros vive conectado hacia afuera. Nos centramos más en la fachada y ocultamos lo que somos por miedo a que nos descubran. Fingimos perfección y buenas conductas en público y dejamos salir al verdadero ser en casa. Es ahora cuando más tenemos la necesidad de aprender a autogestionar nuestras emociones.

¿Qué "tú" ocultas de los demás? ¿Cuál es ese verdadero tú que no quieres que nadie vea? ¿Eres una persona que suprime su ira en público, pero incendia su casa al llegar? ¿Vives con rabia tus duelos? ¿Necesitas un culpable al que sacrificar por tus sufrimientos?

Con esta desconexión y esta falta de autoindagación o la capacidad que todos tenemos de estudiarnos y sincerarnos con nosotros para buscar mejoras, perdemos un tiempo precioso que nos puede servir para construirnos con bases sólidas que nos permitan vivir de una forma más productiva y menos tóxica.

No nos damos el tiempo de sentirnos si no que somos sentidos, y es allí donde las emociones quedan a la deriva sin jefe alguno que las regule. He tenido la oportunidad de trabajar con muchas personas que, en su momento, han tenido las mismas formas de reaccionar a un estímulo externo parecido. Esto me ha causado una curiosidad inmensa acerca de cómo nos comportamos y el daño que nos causamos cuando no estamos conscientes de nuestros actos.

El ejemplo más repetido es el de las personas que al terminar sus relaciones de pareja y sentir ira, tristeza o miedo intensos corren a las redes sociales a espiar al ex. Entonces me pregunto qué lleva a una persona que está en "cuarentena", dolida, herida y rabiosa a no escuchar a sus emociones a no dejarse mover armónicamente por ellas.

Si la sabiduría de la rabia te ha hecho quitarte de enfrente a alguien y no querer hablar con esa persona, ¿por qué no eres coherente con lo que sientes? ¿Por qué tienes que exponerte por decisión propia a un estímulo externo que te causa malestar? ¿Cuál crees que será tu reacción si te sigues exponiendo al mismo estímulo externo que te causa malestar una y otra vez? ¿Conservas alguna esperanza de que tal vez mientras más enojo sientas menos vas a querer a esa persona? Pues déjame decirte que mientras más rabia sientas, más rabia sentirás, más adicto te harás a esta sensación y más dormido en tu círculo tóxico de vida te encontrarás. Es por esta razón que considero tan importante bajarte en la primera parada y recoger tu *kit* de amor propio. Solo el amor inmenso por ti impedirá que te hagas algún daño.

Entonces, la inteligencia emocional no es solamente ocuparnos del período refractario y cómo lo acortamos; es decir, cómo hacemos más corto el período en que nos enfrascamos en nuestro punto de vista y no damos espacio para otro, en que creemos que la verdad absoluta solo la tenemos nosotros y más nadie tiene la razón. La inteligencia emocional también es la capacidad de no exponernos a estímulos externos que nos causen rabia, tristeza o miedo, de darnos un espacio emocional libre de provocadores, de respetarnos ese período de cuarentena para poder sanar y fortalecernos.

Las emociones pertenecen al cuerpo; y los sentimientos, a la mente.

CAPÍTULO 15

Los sentimientos

En este capítulo quiero tratar un tema que considero unas de las claves para el bienestar de las personas que atraviesan procesos de duelo: los sentimientos. Ya hemos hablado acerca de las emociones que vienen con el cuerpo y que se activan de forma automática, que forman parte de esa inteligencia innata y que nos protegen, que nos mueven acercándonos o alejándonos de aquello que consideramos peligroso o positivo para nosotros. También que son de corta duración y que la forma de reaccionar o de vivir la emoción se aprende de nuestras figuras de poder como madres, padres, familiares, etc. Pero las emociones no vienen solas siempre están acompañadas de los sentimientos.

Los sentimientos, por otro lado, son lo que pensamos que nos pasó, la etiqueta que le ponemos a la persona que nos hizo lo que nos hizo y la que nos ponemos a nosotros. Son las ideas que tenemos de la situación, el juicio que emitimos acerca de ella. Lo que nos decimos y permitimos que se replique en los comentarios de los demás, la energía que nos creamos a nuestro alrededor, la música que escuchamos sabiendo que esta produce un malestar en nosotros, las personas con las que nos rodeamos y las conversaciones que mantenemos con estas personas.

Así como una emoción es de corta duración y nos mueve hacia un lugar mejor, un sentimiento depende de ti y dura lo que tú le permitas que dure. Además de que no necesariamente te llevará siempre a un lugar feliz.

Las emociones pertenecen al cuerpo; y los sentimientos, a la mente. Tu bienestar, tu felicidad, tu salud es un trabajo en equipo de tu cuerpo y de tu mente.

Te voy a poner un ejemplo para que lo puedas entender mejor: imagínate que es una hermosa tarde y te estás tomando un café conmigo y que mientras conversamos felices yo me acuerdo de que tenía que ir a buscar a mis hijos al colegio. Este recuerdo activa la emoción de miedo por imaginar a mis hijos solos en el colegio. ¿Qué hace esa emoción del miedo en mí? Me moverá para ayudarme a solucionar la situación. Inmediatamente, me levantaré de la mesa, tomaré mi cartera, las llaves del carro, mi teléfono y mientas corro hacia mi auto llamaré al colegio de los niños para avisar que voy en camino. *Voilá*, la emoción me ayudo a afrontar una situación que fue percibida como un problema, un peligro. Ahora, mientras voy manejando hacia el colegio, vienen a mí algunos pensamientos que inconscientemente los dejo pasar y comienzo a decirme a mí misma: "qué mala madre eres, cómo es posible que se te haya olvidado ir a buscar tus hijos".

Con este simple pensamiento, le damos la bienvenida al primer sentimiento: el sentimiento de víctima, producto de mis pensamientos y mi diálogo interno que a su vez es producto de mi baja autoestima.

Acto seguido, como a nadie le gusta sentirse culpable redirijo mi mirada hacia afuera para buscar otro culpable que no sea yo; es decir, dejo de ser proactiva para convertirme en reactiva. La culpa es omnipresente, sin importar lo que hagamos o dejemos de hacer, siempre nos sentiremos culpables, pero como a nadie le gusta sentirse culpable entonces inventamos un enemigo para proyectar la culpa en él. Un enemigo puede ser cualquiera: el esposo, el jefe, el tiempo, la vida, el dinero, los padres, el tráfico, etc.

Para efectos del ejemplo, escojamos al primer culpable que siempre paga los platos rotos: la pareja. Entonces, me digo: "Claro, como mi pareja nunca me ayuda, siempre todo lo tengo que hacer yo".

Ya a estas alturas en mi cabeza hay una fiesta andando y los invitados son pensamientos autodestructivos y saboteadores. Mi energía ha cambiado y no voy a poder construir nada bueno. Así que para seguir siendo coherente con lo que he estado creando, me busco una canción bien dramática en la radio que me lleva al llanto, y no basta con esto llamo por teléfono a una amiga que sé que tiene problemas con su pareja y de seguro me entenderá. Así que pasamos el resto del camino entre chismes y cuentos que no construyen nada bueno.

Pero esto no termina aquí, porque si estos son los ingredientes que elegí para cocinar mi experiencia de seguro el platillo no será muy nutritivo.

Así que para el momento que llego al colegio ya estoy lo bastante alterada y descompuesta como para relacionarme adecuadamente con las personas de mi entorno. Discuto con el vigilante, porque muy eficientemente me pide mi identificación, cosa que mi emoción de ira no me permite entender en el momento.

Por fin me encuentro con mis hijos y una vez estamos todos en el carro continúo construyendo relaciones tóxicas. Tengo varias opciones de hacer las cosas, pero a estas alturas estoy tan metida en mi drama que solo puedo encontrar formas destructivas para intentar construir. Una de las situaciones puede ser que como me siento culpable por haberlos olvidado me relaciono con ellos tratando de manipularnos y chantajearlos invitándolos desde la culpa a comer helados o pasear por ahí.

La otra vía podría ser que como me siento culpable y no me gusta sentirme así, esto me produce rabia conmigo misma, situación que no se manejar, entonces la pago con los niños, les hablo mal, les grito, etc.

Luego, al llegar a casa y enfrentarme con "el culpable", según yo, de la situación las cosas empeoran.

Todo este caos empezó con un simple pensamiento que desató varios sentimientos que hicieron que actuara de una forma específica con la cual no me sentí conforme y eso me hizo seguir tomando malas decisiones que me llevaron a más reacciones inadecuadas y, sin darme cuenta, paso más tiempo del que debería en un círculo vicioso destructivo en el que caigo yo y arrastro a mi familia y a cualquiera que se me pase por el frente.

Esto no necesariamente tiene que haberte pasado a ti o no por lo menos exactamente como lo estoy describiendo en el ejemplo; sin embargo, es una buena oportunidad para que comiences tu trabajo de autoindagación para la sanación y te preguntes cuáles son tus pensamientos y sentimientos habituales, qué ambiente emocional construyes para ti y los tuyos, cuáles de tus reacciones puedes identificar que se repiten con frecuencia.

Escribe tus respuestas y trabaja con ellas.

CAPÍTULO 16

Los pensamientos, los sentimientos y el duelo

Los sentimientos aparecen en la medida en que el cerebro interpreta las emociones. Primero, existe el pensamiento que produce una emoción que, a su vez, produce un sentimiento. Este produce un pensamiento que produce otro sentimiento, y así vivimos atrapados en círculos destructivos y desestabilizadores.

En nuestro camino de duelo tendremos muchos momentos en que lidiaremos con nuestras emociones, pensamientos y sentimientos más oscuros que no tendrán ninguna compasión ni vacilarán al momento de hacernos sentir muy mal.

Por ejemplo, es muy normal sentir emociones de rabia, ira o enojo por el hecho de que nos hayan botado del trabajo, por habernos separado de nuestra pareja o por la muerte de un ser querido que no tiene explicación. Pero existe una línea muy delgada entre la emoción y el sentimiento que solemos cruzar sin darnos cuenta y que nos trae mucho sufrimiento (opcional). Dejamos de escuchar a la sabia ira, que busca alejarnos de todo, en búsqueda de nuestra calma, y nos dejamos llevar por el pensamiento tóxico y desordenado que, inevitablemente, nos dejará caer en el hoyo profundo de un sentimiento afín.

Con la emoción de la rabia, el sentimiento que vivimos es el resentimiento. El resentimiento, como explicaba líneas arriba, es la molestia que sentimos cuando alguien no cumple con nuestras expectativas. Hay que partir del hecho de que nadie en este planeta vino a cumplir con las expectativas de nadie. Al nacer, nadie llega con un papelito que diga fulanito de tal viene a cumplir las expectativas de zutanito de tal, ¿verdad?

El resentimiento nace del vacío que hay en cada uno de nosotros, que nos hace vivir en la constante búsqueda de alguien que lo pueda llenar, y, al no conseguirlo, buscamos a un culpable de nuestras insatisfacciones.

La mejor forma de deshacernos del resentimiento es aprendiendo a controlar nuestros pensamientos y comprendiendo que antes de pedir algo a los demás hay que darlo, que tu demanda se convierta en tu oferta; es decir, todo lo que desees que te den lo tienes que dar tú primero y te lo tienes que dar tú primero a ti.

Ya hablamos de la maravillosa tristeza y sus formas de sanarnos y curarnos, pero ahora hablemos del sentimiento que acompaña a la emoción de la tristeza: el de víctima. Mientras que las emociones son una reacción biológica, los sentimientos son del ego. ¿Qué quiero decir con esto? Pues, mientras la emoción de la tristeza nos apaga la máquina del cuerpo para protegernos del *shock* emocional que estamos viviendo, para que descansemos durante este período de estrés que viene con el duelo, el sentimiento de víctima que aparece en estos casos no parece tener ningún propósito. Este nace de un pensamiento que se reconoce en las carencias, miedos, creencias, interpretaciones y nos mantiene centrado en el "pobrecito de mí, todos están en mi contra, yo nunca tuve oportunidades, por culpa de mi madre/padre, nací así que puedo hacer, etc.".

Nos mantiene ajustados a una microvisión de las cosas donde solo nos enfocamos en lo que perdimos, en lo que cambió, en lo que murió y nos hace dejar de lado lo que tenemos, lo que sigue vivo, lo que sí está.

Si eres proactivo, si ya recuperaste tu poder personal, si ya te estás haciendo cargo de ti mismo sabes, entonces, que ya has dejado de ser un niño emocional y ahora eres un adulto emocional que se ocupa de sí mismo y se hace responsable de sus emociones, pensamientos y sentimientos en pro de su bienestar y las personas de su entorno.

Facundo Cabral decía: "Si cada árbol se ocupara de sí mismo, tendríamos un bosque maravilloso".

Qué bonita invitación, ¿verdad?

¿Cómo gestionar nuestros pensamientos y sentimientos?

Conocer el funcionamiento de nuestro cuerpo nos dará un poder que agradeceremos por siempre. No podemos seguir viviendo con nosotros como si estuviéramos en un campo de batalla porque solo encontraremos guerra, violencia y muerte. Debemos darnos cuenta de que afuera no hay causas, solo efectos y que nosotros debemos convertirnos en la causa de los efectos que deseamos para nosotros. Es por eso que aprender a controlar nuestros pensamientos es una herramienta que te llevará directo al triunfo y a la felicidad.

Un solo pensamiento tiene el poder de crear un caos de magnitudes sin precedentes en tu interior, caos que inevitablemente también trasladarás a tu entorno.

Como te contaba en el capítulo 12 un solo pensamiento tiene el poder de activar el eje hipotálamo-pituitaria-glándulas suprarrenales.

El hipotálamo interpreta el estímulo externo como un peligro que en este caso es un simple pensamiento que parece inofensivo, pero no lo es. El cerebro le dice a tu cuerpo y a tus trillones de células que hay problemas. Entonces, el hipotálamo envía una señal a la glándula pituitaria y esta la manda a la glándula suprarrenal. La orden es que debes prepararte para pelear o huir. Las glándulas suprarrenales liberan cortisol, la hormona del estrés.

Todo tu cuerpo que estaba de lo más tranquilo, en crecimiento, reparación y nutrición ahora está en alerta y en protección. La sangre que estaba en tus vísceras ahora está en tus piernas y brazos. ¡Claro! Toda la energía tiene que estar allí para que puedas correr y huir. Y todo este caos por un simple pensamiento que ni siquiera es real y que, tal vez, nunca lo llegue a ser. Dicen por ahí que el 99% de lo que imaginamos que va a ocurrir nunca ocurre, y esa sabiduría del pueblo normalmente es muy cierta.

La situación va a empeorar, porque, además de todo lo que te estoy contando, nuestro cerebro frontal, el cerebro pensante bajará el volumen ya que el que necesita tomar el control en un momento de estrés es el cerebro reptil, el de la huida y la sobrevivencia.

Esto trae como consecuencia que no pensemos con la claridad que requiere la emergencia y estaremos en riesgo de no tomar las mejores decisiones. Eres menos inteligente bajo el estrés, porque no estás pensando, sino reaccionando.

La mala noticia es que nuestro cuerpo no está diseñado para mantenerse en un estado de estrés por un tiempo prolongado y si no cambias tu manera de pensar, lamentablemente, serás más propenso a enfermarte.

Sabemos lo que nos pasó, reconocemos nuestro duelo, ya lo hemos hablado bastante con amigos y conocidos. Ya honraste tus heridas ya drenaste las lágrimas estancadas ya apagaste los fuegos de la ira que tenías en el pecho, entonces, por favor, déjalo ir.

Sea lo que sea, ya no lo pienses más, ya no recuerdes aquello que te abre la herida cada vez que recuerdas. Nunca llevarías a un niño a un cuarto oscuro donde hay un asesino, ¿verdad? Entonces, no te lleves más a ese lugar de tu mente donde los malos recuerdos te acechan. No toques el tema con tus amigos o amigas cuando salen a tomar café, no le des el micrófono a ese pensamiento que te grita al oído, no lo subas a la tarima, no le des el papel protagónico de tu vida a un pensamiento que te hace tanto daño.

Buda decía: "Ni tus propios enemigos pueden hacerte tanto daño como tus pensamientos".

¿Cómo pensar bonito?

El ser humano es el único animal que sufre más de una vez por una misma razón. Sufres el día que te pasó lo que le te pasó y los días siguientes te atormentas recordándolo.

Quiero empezar desde el principio para que tengamos un panorama claro de a qué nos estamos enfrentando. Y para eso tengo que hablar de la sinapsis.

¿Qué es la sinapsis? Es la forma en que nuestro cerebro está "cableado". Son las conexiones neuronales que hiciste desde que estabas en la barriga de mamá. Estas conexiones se fueron creando gracias a lo que te transmitió tu madre, mientras te gestaba. Luego de nacer, se dieron gracias a tus percepciones, la crianza, las creencias, etc. Es la forma en que aprendiste a pensar y a reaccionar. Y esta sinapsis funcionará de la misma forma siempre a menos que hagas algunos cambios. Gracias a la inteligencia innata del cuerpo, existe algo que se llama neuroplasticidad o plasticidad neuronal que nos permite deshacer viejas conexiones neuronales y crear nuevas. De esta manera, nos permite pensar y actuar de formas nuevas y más beneficiosas para todos.

¿Cómo podemos cambiar estos esquemas disfuncionales de pensamiento? Es un trabajo de gimnasia mental que requiere dedicación, compromiso y mucho ensayo y error. Es lo mismo que cuando vas al gimnasio, ¿verdad? No pretendes salir el mismo día que empezaste delgado y musculoso. Lo mismo pasa con los cambios que quieres hacer en tu forma de pensar y reaccionar.

Lo primero que necesitas es estar ultra-súper-consciente de ti mismo, de cada pensamiento que tienes y de cada reacción a cada uno de esos pensamientos. Esta es una tarea que necesita de todo tu amor hacia ti y de mucha atención, hacer tu mejor esfuerzo para darte cuenta de cuáles son tus pensamientos problemáticos para que de esta forma puedas cambiarlos.

La clave es aprender a reconocer los pensamientos saboteadores y cambiarlos por otros. Debes crear nuevas asociaciones entre eso que piensas que te causa malestar y una nueva emoción y sentimiento. Para esto tienes que dejar de juzgar y llegar a nuevas comprensiones sobre lo que te sucedió.

Hay dos caminos que si los tomas te podrán ayudar en tu proceso de aprender a pensar y sentir de una forma más productiva. Puedes cambiar tus pensamientos si te enfocas en tus emociones o puedes cambiar tus emociones si te enfocas en los pensamientos. Ambos métodos te ayudarán a equilibrar todo el caos que a veces nos nubla la mente.

Todo comienza con el estímulo externo, luego viene un pensamiento sobre ese estímulo y ese pensamiento trae una emoción. Entonces, la primera vía de solución es controlar tus pensamientos para gestionar tus emociones. Detectas el pensamiento que acabas de tener y lo cambias. Parece fácil, pero hay que tomar en cuenta que tenemos más de sesenta mil pensamientos al día. Esta gran cantidad podría dificultar nuestro trabajo, aunque no lo hace imposible. Con práctica todo se logra.

La segunda opción la podemos intentar al revés, es decir, nos detenemos a explorarnos: ¿Cómo me siento hoy? ¿Desde cuándo me estoy sintiendo de esta forma? ¿Qué pensamiento tuve justo antes de sentir esto?

La idea es reconocer qué pensamiento pudo haber provocado esta emoción y proceder a cambiarlo. Por ejemplo, si estoy furioso y me pregunto qué pensamiento tuve para sentir rabia, me daré cuenta que tal vez tuve pensamientos de injusticia, quizá vi a alguien botando basura en la calle, un conductor me cerró con su carro o me quitaron el puesto donde me iba a estacionar y me sentí atacado.

Al descubrir el pensamiento puedo trabajar en él y cambiarlo y, por ende, cambiaré mi forma de sentir. Al modificar mi emoción, modifico mi pensamiento y lo podré cambiar al darme la oportunidad de comprender por qué el conductor hizo lo que hizo. Tal vez tiene todo el día en el carro luchando contra el tráfico, tal vez no ha conseguido todo el dinero que necesita para pagar sus cuentas, comprendo y dejo de juzgar. Modifico mis emociones y también modifico mi biología con un simple pensamiento.

Disfruta el presente

Otra forma de manejar nuestros pensamientos y sentimientos es viviendo en el presente.

¿Por qué es tan importante vivir en el hoy? Cuando disfrutamos el presente o vivimos en el presente estamos haciendo buena gestión de nuestras emociones y sentimientos, ya que estamos en control de nuestros pensamientos autodestructivos.

El pasado no existe, es la dimensión del "si yo hubiera...". Pensar en esa opción nos descontrola la vida, nos lleva de la tristeza a la depresión y hasta la desolación por no encontrar la explicación a lo sucedido, por no encontrar las respuestas que tanto atormentan nuestra mente, por repasar una y otra vez "qué hubiera pasado si...".

Lo peor del caso es que jamás lo sabremos, pero lo que sí te puedo decir es que si no pasó es porque no tenía que pasar y la mejor prueba de que no tenía que pasar es que no pasó.

Cada vez que te encuentres en ese cuarto oscuro, hazte consciente de que no tienes que estar allí. Ayúdate con algún pensamiento que tenga una energía más elevada para que puedas salir volando de ese sótano de tu mente. Pregúntate: ¿Cuántas veces al día/semana/mes te llevas al pasado? ¿Para qué lo haces? ¿Qué consigues con eso? ¿Qué te suma?

Libera a tu pasado de tus sentimientos, rompe esa cuerda que te mantiene atado a esa dimensión y que te hace volver una y otra vez. No podrás emprender tu nuevo viaje o, por lo menos, no con éxito si miras atrás y sigues sintiendo desprecio, rabia, tristeza u odio por tus experiencias pasadas. Tienes que mirar atrás, a los personajes de tu pasado y cambiar la emoción con la que dejaste impregnados esos momentos de tu vida. Mirar atrás con la única intención de aprender de la experiencia.

Como dice Einstein: "No puedes cambiar ninguno de los acontecimientos de tu vida, pero si cambias tu manera de percibirlos cambiará tu universo entero".

La idea es que volvamos atrás y cambiemos esa emoción del pasado por una emoción más positiva. Debes comprender que lo que te pasó no es más que una oportunidad para aprender. Y que si sigues queriendo tener la razón no te darás la oportunidad de ser feliz. Que si sigues queriendo ser la víctima tu misma pasarás a ser tu victimario, que si sigues empeñada en que los demás son los culpables de lo que te pasa jamás podrás cambiar nada, porque uno solo puede cambiar lo que le pertenece, tu vida es tuya. Hazte cargo de ella y cambia lo que no te gusta.

Por otro lado, hay quienes son más del futuro, pero no de ese futuro fantástico con el soñamos y nos deleitamos creando, sino del futuro que nos causa ansiedad.

El futuro es la dimensión de la postergación de la felicidad. Es decir, cuando pase lo que quiero que pase es que seré feliz, cuando me case es que haré los cambios que necesito, cuando tenga hijos es que me realizaré, entre otras tantas ideas. Es una excusa que nos damos por miedo a vivir en el presente, por miedo a tomar las riendas hoy, siempre estamos esperando esos días futuros donde haremos lo que queremos hacer, pero que nos da mucho miedo.

Pregúntate: ¿Cuál es tu frase de postergación de felicidad con la que te identificas? La mía solía ser "Cuando me gane el Grammy, me sentiré una artista de verdad" y resulta que hasta cambié de carrera y nunca me lo gané. Jamás me di la oportunidad de sentirme una verdadera artista y la verdad es que sí lo fui, aun sin el Grammy (jajajaja).

En un libro maravilloso que leí hace un tiempo había una sabia frase que me cambió la forma de ver las cosas. Decía así: "El saber no sigue a la experiencia, la precede".

Entendí, entonces, que primero tenía que haberme sabido artista para así convertirme en artista y no al revés. Pero eso es lo que nos queda por vivir en la dimensión del futuro, el mundo bizarro donde tenemos la tonta creencia de que lo que queremos y anhelamos, que está en el futuro, mágicamente nos hará sentir en el presente de la forma como queremos. Sin saber que es solamente en el presente que podemos sentirnos de la forma como queremos y así llegar a ese futuro siendo lo que ya somos.

El futuro siempre estará en el futuro y hasta allá no podremos hacer nada. Solo hoy puedes hacer algo.

El presente es el único lugar donde podemos sembrar la semilla de lo que queremos para el futuro. El pasado no existe y pensar en lo que pudimos o no haber hecho nos hace perder el tiempo, perder el equilibrio, perder la paz.

Solo se ve por el retrovisor del carro cuando queremos evitar situaciones, solo por aprendizaje, pero no manejamos viendo por el retrovisor. Recuerden que el solo hecho de recordar algo que nos causa malestar nos activa las alarmas biológicas.

Si cada instante del presente lo contaminas con los lamentos del pasado, estás llevando el pasado al futuro y estás dejando que tu pasado retenga como prisionero a tu presente. En otras palabras, estarás paralizado sin poder crear nada nuevo para ti.

Meditaciones para vivir en el presente

Ha llegado la hora de informar a tu cuerpo y tu mente que tú eres quien manda. Para esto necesitas retomar el control y poner orden. La meditación te ayuda a organizarlo todo, te ayuda a bajarle el volumen a tus pensamientos, a tranquilizar a tu cuerpo que se la pasa pidiéndote sin control comida, abrigo, descanso.

Te voy a brindar varias opciones sencillas de meditación. Los niveles más básicos te van a ayudar a mantenerte en el presente y, de esta forma, te entrenarás para ser capaz de controlar tus pensamientos.

1. Meditación nivel 0: No necesitas ningún tipo de entrenamiento ni nada adicional. Esta meditación busca centrarte en tu respiración. Como ves, solo necesitas tu nariz, pulmones y aire; contar hasta cuatro; y que estés muy atenta para reconocer los momentos en los que te descubras teniendo pensamientos de terror y puedas refugiarte en tu respiración. Este ejercicio meditativo consiste en inhalar contando hasta cuatro y exhalar contando hasta cuatro. Muy sencillo, ¿verdad? La respiración consciente modifica tus estados de ánimo, ya que la respiración gestiona el estrés. Al respirar profundamente, el cuerpo envía un mensaje a tu cerebro para calmarse. Te invito, incluso, a que mientras respires medites sobre el concepto de abundancia y amor que nos muestra la vida con cada bocanada de aire. Si te das cuenta, nunca te faltará el aire para la próxima inhalación. Jamás te preguntas si la próxima vez que respires encontraras aire disponible. Entonces, aprende a confiar en la sabiduría divina y en la abundancia que te rodea hasta en los más pequeños detalles que das por sentado.

2. Meditación nivel 1: Esta meditación busca centrarte en el entorno. Inmediatamente, cuando reconozcas algún pensamiento tóxico te vas a concentrar en tu entorno; es decir, cualquier cosa que en ese momento tengas al frente y alrededor. Por ejemplo, si estás manejando te comienzas a fijar en los carros a tu alrededor, en los semáforos, en la gente que camina, en el volante, la música que estás escuchando, etc. No se puede pensar en dos cosas al mismo tiempo, así que si estás lo suficientemente consciente de tu entorno, podrás salvarte de tus pensamientos y romper con esa costumbre de pensar de forma poco cooperativa contigo.

3. Meditación nivel 2: Esta meditación te invita a que toda tu atención te la dediques a ti. Cuando te des cuenta de que has vuelto a tus acostumbradas disfuncionales maneras de pensar, no pierdas ni un segundo y vuelve a ti. Comienza a moverte por cada parte de tu cuerpo, puedes comenzar de arriba hacia abajo o de abajo hacia arriba o por partes. Como te guste más. Lo importante es que redirijas tus pensamientos y vuelvas a ser tú la que los controle y no ellos a ti. Concéntrate en tus pies, piernas, abdomen, pecho, brazos, manos, hombros, cuello, cabeza, boca, nariz, ojos, orejas y cabello. Puedes, incluso, agregar un pensamiento de agradecimiento por tener cada parte de tu cuerpo; porque están saludables; porque gracias a tus piernas te puedes trasladar a los lugares que te gustan; gracias a tus ojos puedes ver a tus hijos, pareja, familiares, atardeceres; gracias a tus oídos puedes escuchar música; gracias a tus manos puedes crear, escribir, cocinar, entre otras cosas. Siéntete libre de sumar a tus meditaciones. Cualquier pensamiento que te sume y te conecte con emociones elevadas como el amor o el agradecimiento.

Otros *tips* que te pueden ayudar a sentirte mejor

Emoción buscada a través de las expresiones corporales y faciales

Las emociones se pueden asociar a posturas corporales o expresiones faciales por lo menos eso piensan los expertos en estos temas.

Se han desarrollado numerosos estudios que demuestran que modificando nuestras posturas corporales y expresiones faciales podemos contribuir con nuestros estados emocionales. Te invito a que lo pruebes ahorita mismo mientras sostienes este libro en tus manos. Sonríe y verás cómo de forma casi instantánea te sientes mejor. Al sonreír estás enviando información a tu cerebro, el cual reacciona de forma coherente con la instrucción que le están enviando; libera endorfinas y de inmediato te sientes bien, como dicen por ahí: "si tu boca sonríe, tu cerebro sonríe".

Tu cuerpo y las posturas corporales que decidas adoptar también te ayudan a conectar con pensamientos que activen emociones más placenteras. Puedes intentarlo ahora: párate derecho, mueve tus hombros un poco hacia atrás permitiendo que tu pecho se abra, deja que tu corazón también participe en esta actividad; añádele una emoción elevada como el amor y ábrete a la vida y a las nuevas oportunidades por venir.

La emoción buscada tiene un efecto bidireccional que te permitirá romper con ese círculo vicioso de pensamientos tóxicos, emociones negativas y resultados no deseados para tu vida. Si tu cuerpo se siente bien, enviará señales a tu cerebro de bienestar y tu cerebro enviará a tu cuerpo señales químicas de bienestar. Así que no sabrás que fue primero si el huevo o la gallina, pero eso no importa porque la buena noticia es que el resultado es sentirte bien y lo has causado tu como un Ser completo y coherente de amor que solo produce bienestar.

El yoga, por ejemplo, trabaja mucho con posturas como *tadasana* donde los pies deben estar bien anclados al suelo enviando la señal de que estás bien parado sobre la tierra, de que tienes el control, piernas fuertes que te soporten enviando una señal de confianza al cerebro, pecho abierto y corazón latiendo y conectado con la vida. Otra postura del yoga que nos ayuda a conectar con emociones elevadas es la conocida como postura del camello que también permite expandir el pecho y conectarnos más con la vida.

Creo que ya te dije qué dicen por ahí: "Una sonrisa puede cambiar la composición del universo y que tu enfado también. Entonces, depende de ti, ¿cuál escoges?

Cambia tu percepción

Einstein decía: "Si no te gusta el mundo que ves y no lo puedes cambiar, cambia tu pensamiento en relación a él y cambiará tu universo". Eso nos lleva a otra frase sabia: "No es lo que nos pasa, sino cómo lo percibimos". Pero ¿qué es la percepción y por qué es tan importante?

La percepción es nuestra forma de ver al mundo, los filtros que usamos para interpretar los estímulos que vienen de nuestro entorno. Estos filtros dependen de nosotros y de los programas introyectados en la infancia y de nuestras creencias.

La percepción es como unos lentes que decidimos utilizar cada día y es a través de estos cristales que analizamos nuestra vida y lo que nos ocurre. Entonces si estos cristales están sucios, rotos o rallados así veremos la vida.

Nuestra forma de percibir nos llevará a juzgar lo que ocurre fuera de nosotros y se empeñará en que esta manera de pensar haga *match* con la emoción que sentimos, la convertirá en un sentimiento y así justificaremos lo que sentimos y lo mantendremos en el tiempo. Esto nos convertirá en personas cerradas, enfocadas solo en la parte de la información que nos da la razón y seguiremos viviendo justificándonos y cerrándole la puerta a la oportunidad de ver y vivir la vida desde una ventana abierta llena de infinitas posibilidades.

La próxima vez que te toque vivir una nueva experiencia de vida donde puedas practicar una nueva forma de percibir y ver el mundo que te rodea, atrévete, cambia tus paradigmas, cámbiate los lentes, si esos lentes sucios y rayados que no te permiten ver lo maravillosa que es la vida.

Prueba ver las cosas tal cual son; es decir, no le agregues ninguna interpretación a la situación de la que no estés seguro. No inventes que las personas a tu alrededor piensan o sientan algo de lo que no estés seguro. No le agregues ningún ingrediente a tu sopa que no desees comer.

Recuerdo el día en el que aprendí esta lección. Te quiero compartir la historia para que veas cómo somos expertos en imaginar lo que no es.

Apenas me certifiqué como profesora de yoga comencé a dar clases. En una de mis primeras clases, en primera fila, justo frente a mí había una mujer que tenía el ceño fruncido. Así que yo interpreté que ello significaba que estaba de mal humor. Como ves, con mi interpretación cometí el primer error, ya que la verdad no estaba segura de su estado de ánimo. Según transcurría la clase, dejé que mis filtros de percepción llenaran mi cabeza de ideas locas. Mis inseguridades se apoderaron de mí y ya no solo veían a una mujer con el ceño fruncido (que según yo estaba enojada), sino que podía asegurar que esa mujer estaba enojada conmigo. No me bastó con todo esto y mi mente comenzó a tener su habitual diálogo interno saboteador. Podía escuchar cómo me decía: "Claro, cómo no va a estar enojada si tu clase debe ser una porquería. Te acabas de certificar, necesitas más experiencia. Cómo se te ocurrió pensar que estabas preparada para dar clases".

Y así, mientras por fuera me mostraba muy calmada, relajada y supuestamente en control de mi clase, por dentro estaba muy atormentada, escuchando miles de voces en mi contra. Mis inseguridades habían nublado mi visión, ensuciado mis filtros y muy dentro de mí había creado un caos. Lo peor o mejor de todo fue cuando terminó la clase y esta mujer se me acercó para decirme que le había encantado mi clase y que justo era lo que necesitaba.

¡Dios! Todo el infierno que había vivido durante una hora y media de clase había sido creado por mí y mi diálogo interno. Mi manera de percibir la vida me había puesto una lección de aprendizaje que se repitió en tres diferentes ocasiones de mi vida, en escenarios diferentes hasta que me prometí cambiar los lentes y trabajar en mis estados mentales. Como dicen por ahí: nuestras percepciones hablan de nuestro estado mental.

Toda experiencia en la
vida tiene un para qué.
Pregúntate cuál ha sido
el tuyo, comprende
y libera.

CAPÍTULO 17

El perdón y el agradecimiento

El perdón es saber que no hay nada por perdonar, saber que todas nuestras experiencias son de aprendizaje y que todas las personas con las que convivimos y nos ayudan a vivir estas experiencias son nuestros maestros y no nuestros verdugos.

Carl Gustav Jung, con el efecto espejo, nos ha mostrado la posibilidad de que yo, particularmente, pongo en práctica a diario: ver y darme cuenta de que todas las personas a mi alrededor tienen algo que enseñarme, y de entender que hasta que no aprenda mis lecciones, la vida me seguirá poniendo el mismo examen hasta que lo logre.

Este mismo pensador decía: "aquellos que no aprenden nada de los hechos desagradables de la vida fuerzan a la conciencia cósmica a que los reproduzca tantas veces como sea necesario para aprender lo que enseña el drama de lo sucedido. Lo que niegas te somete; lo que aceptas te transforma".

Hasta cuándo vamos a estar repitiendo el mismo examen. El perdón te da la oportunidad para que te liberes del peso que significa tener que estar culpando u odiando a alguien. El perdón es un cambio de percepción que te permite ver las cosas de una forma diferente.

A veces, no queremos perdonar. He descubierto por las experiencias de las personas que van a mi consulta que esta incapacidad de perdonar surge de la creencia de que si perdono todo lo que me pasó entonces eso quedará impune. De qué sirve si ya no soy esa pobre persona a la que le pasó lo que le pasó. Entonces, ¿quién soy? No perdono, porque estoy atascada en un sentimiento con el que me identifico. Soy víctima y si perdono, ¿quién soy?

En ocasiones no nos permitimos perdonar, porque este odio es el único lazo que nos mantiene unidos a la persona que ya no está. En el caso de divorcios o separaciones donde la persona no quería romper la relación, y sigue amando a la expareja como ya no puede seguir amándola, el único lazo que la mantiene unida a la persona es el odio y de esta forma tóxica se sigue sintiendo unida a ella.

Hay personas que no se atreven a perdonar porque creen que esto significa volver a ver a la persona o mantener un lazo que los una y no tiene que ser así. Perdonar no implica tener que seguir viendo a esa persona que te causo algún daño. Perdonar es liberarte del peso, liberar a esa persona que tienes como rehén en tu cabeza.

Toda experiencia en la vida tiene un para qué. Pregúntate cuál ha sido el tuyo, comprende y libera.

Tus relaciones son una oportunidad para conocerte y recuerda que del conocimiento sobre ti nace tu verdadero empoderamiento.

El auténtico perdón es hermano gemelo de la gratitud.

La magia del agradecimiento

Vivimos en un mundo dual y para disfrutar de la felicidad tenemos que conocer la tristeza; para ver la luz tenemos que haber estado en oscuridad.

La vida nos da su veloz recorrido a través de ciclos. Desde que nacemos hasta nuestra muerte podemos apreciar todos y cada uno de los diferentes ciclos dentro de los cuales hemos estado.

Crear una vida conectado con el agradecimiento te conduce de nuevo a tu ser, te lleva de regreso a ti, te invita a que te mantengas enfocado en lo positivo de tu vida y no enfocado en lo negativo.

A lo que le dedicamos más energía es a aquello a lo que le damos vida, entonces tú decides si quieres darle vida a la vida.

Hay un cuento que me encanta de un niño indígena con su abuelo, un gran chamán. Cuenta la historia que mientras se calentaban del frío en una fogata, el pequeño le pregunta al anciano: "abuelo, me contaron que dentro de nosotros existen dos lobos uno bueno y uno malo. Quiero saber cuál de los dos va a sobrevivir". El abuelo le respondió: "al que decidas alimentar".

Esta historia siempre me hace reflexionar y prestar atención sobre a qué le estoy dando mi energía.

La experiencia que estás viviendo la pediste tú, la atrajiste a ti por tu energía, tus pensamientos, tus miedos. Tú le dedicaste el tiempo, la construiste y te corresponde a ti y solo a ti darte cuenta que su único sentido es el hacerte crecer y evolucionar.

Vivir tu duelo con agradecimiento es sentir que valió la pena haber conocido a esa persona o haber tenido ese trabajo. Valió el hecho de que gracias a esa persona amaste alguna vez, gracias a ese trabajo pudiste aprender y conseguir muchas cosas, gracias a los años de juventud pudiste conocer gente, lugares y vivir experiencias que te han hecho ser quien eres hoy.

Vivir tu duelo con agradecimiento te permite solo ver el lado positivo de la experiencia en lugar de enfocarte en el que nada suma.

Te invito a comenzar tus mañanas agradeciendo por algo que quieras obtener en el día. Sí, exacto, algo que todavía no tengas. Este solo acto consiente te conectará con la abundancia. Si te das cuenta, solo agradecemos aquello que tenemos. Despierta cada mañana pensando en las bendiciones.

Te invito a que transites tu hermoso día buscando cosas dentro en ti que quieras agradecer, y personas o cosas fuera de ti que te sientas agradecida de tener.

Te invito a que finalices tu día agradeciendo por tus aprendizajes del día. Por todo aquello de lo que te pudiste dar cuenta, por tus pensamientos tóxicos detectados y detenidos a tiempo. Por poder haber autogestionado una emoción de una forma sabia.

Todo en esta vida tiene solución. Todo pasa y siempre vendrán tiempos mejores. Tú decides si llegas a esos tiempos mejores destruida en pedazos o si llegas todavía de pie. Deja de buscar culpables, vive tu presente, sonríe siempre, sin límites, porque esta vida es bella. No malgastes ni un segundo cargando lo que no te sume. Todo lo que hoy te causa pena, mañana se convertirá en arena. Sonríe, canta, vuela, ama, disfruta, aprende y pelea por cumplir todos tus sueños, porque la lagrimita va a valer la pena.

Canción 9: La, la, la

Cuando escribí *La La La* lo que quería transmitir era esperanza, quería darte ánimo y un suspirito para que sepas que al final todo pasa, todo vuelve a lo que era y los corazones sanan. Esta es una canción para que aprendas y disfrutes dejando ir, para que te atrevas a soltar de una buena vez, para que te levantes y luches por lo que vale la pena. Para que aprendas a apreciar tu presente y dejes atrás el pasado.

https://bit.ly/2EHFi5Y

A partir de aquí tú puedes escribir tu historia...

CAPÍTULO 18

¿Fin del camino?

Por ahora solo es el fin de este libro. Espero te haya servido para aprender algo útil y que te sirva de tabla de salvación, mientras te fortaleces. Sé, por experiencia, que todos necesitamos de ayuda en nuestros peores momentos, de alguien que nos contenga, nos seque las lágrimas, incluso alguien quien nos agarre por los hombros y nos sacuda las ramas. Solamente de esta forma podremos ver los frutos caer.

Por favor, elimina de tu vocabulario las frases como: "es muy difícil, no puedo, no tengo tiempo, no lo merezco, eso no es para mí, etc." No las digas ni en broma. Cuenta la leyenda que nuestro inconsciente no tiene sentido del humor y si tú lo dices este te lo recordará a cada momento.

Te invito a releer estas páginas cada vez que necesites un poco de fortaleza o cuando necesites repasar algo. No te descuides ni un solo segundo, ya que todo lo aprendido se debe repasar muchas veces; de lo contrario, lo olvidarás. Y no te conviene olvidar la dirección de retorno a casa.

Este libro no lo he escrito solamente yo. Este libro fue, es y está siendo escrito día a día por cada uno de nosotros. Todos los que alguna vez hemos llorado una separación, un divorcio, una muerte, una enfermedad, una mudanza, un kilo de más o de menos, una arruga o una cana. Todos alguna vez hemos creído que nadie más en este mundo ha sufrido tanto como nosotros. Este libro es para ti que eres yo, y que juntos somos uno con el Uno.

Este es el capítulo final. A partir de aquí tú puedes escribir tu historia en tu propio libro con tus propios protagonistas, con los lugares más hermosos de este planeta, la trama que más te guste y el final feliz que tanto has buscado.

Comienza desde ya. Te dejo una línea en blanco para que escribas: si tu vida fuera un libro, ¿cómo se llamaría este capítulo?

____

CORONAVIRUS, EL REGALO OCULTO DENTRO DE UNA SITUACIÓN DE ADVERSIDAD

Escribí este libro antes de que comenzáramos a vivir la experiencia del COVID19; sin embargo, quise agregar este capítulo final en vista de la importancia de este episodio histórico que ha cambiado nuestra manera de vivir tal y como la conocíamos.

Todo se ha visto afectado y, de cierta forma, ha cambiado nuestra salud, economía, estabilidad emocional, confianza, relaciones interpersonales, relaciones de trabajo, de salud mental, sexual y un largo etcétera. No tengo que explicarme mucho, porque todos hemos vivido la experiencia de alguna u otra manera.

Lo que sí quiero explicar para poder internalizarlo —y haré mi mejor esfuerzo para que quede claro— es la posibilidad que tiene esta extraña, incómoda y hollywoodense situación de poder convertirse en el mejor regalo que hayamos recibido como individuos y como humanidad.

Qué interesante sería poder desarrollar la capacidad de cambiar nuestra perspectiva y así vivir esta situación de una forma más productiva, en la que comprendamos que nada es casualidad y que todo es aprendizaje.

Sí, a nadie le gusta aprender a los golpes. Es verdad. Solo que a veces estamos tan profundamente dormidos que solo un buen susto parece servir para despertarnos. Todos estos años hemos vivido como zombis, de aquí para allá, lamentando la falta de tiempo que no nos permite dedicarnos a las cosas que, según nosotros, sí quisiéramos hacer. Vamos en nuestros autos a una velocidad tan incoherentemente rápida que no hemos sido capaces de ver por la ventana y darnos cuenta de que la vida se nos estaba quedando atrás.

Ya que a todos, sin excepción, nos ha tocado vivir este episodio histórico y, de alguna forma, nos hemos visto "contagiados" y paralizados, ¿no te parece que podría ser útil sacarle provecho?

Cuando hablo de aprovechar este momento, definitivamente, no estoy hablando de los comportamientos poco solidarios que hemos visto, como el acaparamiento o el aumento de precios de productos necesarios para todos. Me refiero a la idea de convertirnos en personas diferentes, mejores y capaces de cambiar el rumbo hacia un mejor destino.

"Quédate en casa" nos dijeron, nos aconsejaron y hasta nos obligaron, pero no sé si pudiste darte cuenta de la simbología que nos mostraba todo este tema del confinamiento: quédate en casa, vuelve a casa, tu casa, tus adentros, tú, vuelve a ti.

¿Y qué es lo maravilloso de esta orden que recibimos? Quédate con la simbología de ese "quédate en casa"; es decir, dentro de ti, el lugar donde están todas las respuestas, donde están las instrucciones precisas para volver a ser ese ser uno con el Uno. Esa invitación a encontrar el mapa que te lleva de regreso a ti mismo, a la mejor versión de ti. La finalidad de todo eso es que esa mejor versión de ti se unirá con la mejor versión de mí y así podremos crear un mejor futuro para todos.

Pero es que está tan claro que el camino por donde hemos estado caminando no nos esta llevando precisamente al parque de juegos. Nadie puede negar que lo que hemos estado creando es pura destrucción (guerras, hambruna, violencia, muertes, injusticias, maltratos de todo tipo, destrucción del clima y del planeta en general). E igual de claro es que los seres humanos en que nos hemos estado convirtiendo tampoco hablan muy bien de nosotros.

El planeta ya nos ha venido haciendo un llamado de atención en referencia a nuestros comportamientos autodestructivos, pero estamos tan profundamente dormidos que al parecer hace falta un buen susto para despertarnos.

Entonces, como por arte de magia aparece en la humanidad el Coronavirus que altera la forma en cómo funcionamos, lo que somos e incluso nuestras formas de sobrevivencia.

¿Para qué? Bueno esta es una buena pregunta. Yo te invito a darte cuenta de que tienes dos formas de ver las cosas: una sería pensar que todo lo que ha ocurrido pasó para molestarnos, castigarnos y ya. La otra manera de percibir las cosas es que lo que ocurrió fue para enseñarnos y hacernos mejores, cambiando lo que es necesario cambiar.

Si escoges la primera opción, solo lograrás sentirte mal, te frustrarás y esto te impedirá captar el verdadero mensaje. Pero si escoges la segunda opción estarás recibiendo el mejor de los regalos de vida que puedas recibir jamás.

El Universo nos tuvo que mover el piso para que nos diéramos cuenta de que en algún momento equivocamos la ruta. Y nos llamó la atención en varios temas importantes para nosotros que no estamos desempañando de la mejor forma. Por ejemplo, la economía, el turismo, la salud, el trabajo, la educación, las relaciones interpersonales, etc.

Todo CAMBIÓ, nuestra forma de vivir y la forma en que percibíamos el mundo ha cambiado y de esto es que quiero que hablemos, del cambio.

Este libro quiere justamente hablarte del duelo que es igual a cambio y todos estamos de duelo por lo que pasó. Por el simple hecho de que todo cambió.

A pesar de que la vida es cambio, al ser humano no le gustan los cambios, a la mayoría de nosotros nos asustan y preferimos que todo siga igual que siempre. Nos aterra la incertidumbre y lo mas gracioso de todo es que la vida es sinónimo de incertidumbre, ni siquiera podemos estar seguros de que mañana al amanecer nos podremos despertar. Nos caracterizamos por la renuencia al cambio. Todo lo que nos parezca diferente, o que sospechemos que nos va a sacar de nuestras rutinas nos causa malestar, disgusto, estrés, miedo, etc.

¿Cuál es el regalo oculto? Algunos todavía no lo ven. Tal vez ese sea el problema que retrasará nuestro andar, que algunos siguen demasiado apegados a las antiguas e improductivas formas de vivir.

Pero es necesario que todos logremos abrir esa caja de regalo. Darnos cuenta que este increíble y gran cambio que ha sufrido la humanidad, todo el dolor, la muerte, la enfermedad, la angustia, la reinvención, la inventiva para salir de los problemas, el encierro interminable, el caos, todooo lo que hemos vivido ha sido para que reflexionemos, recapacitemos y nos transformemos en mejores seres humanos.

La meta es que dejemos de pensar solo en nosotros y nos volvamos más solidarios. Que aprendamos a trabajar codo a codo y no a codazos. Que por fin veamos que este planeta es abundante en todos sus recursos y que hay para todos. No es necesario quitarle al otro, tampoco acaparar, robar o invadir territorios, porque hay para todos.

Debemos volver al amor sin condiciones, ese que da porque ama y no porque espera algo a cambio. Debemos volver al pensamiento que crea cosas fantásticas y no a los de terror y ansiedad que han construido parte de la vivencia (recuerda que lo que crees lo creas).

Tuvimos que volver a nuestras casas para que pudiéramos reconectarnos con nosotros mismos, para tener tiempo de ver a nuestros hijos a los ojos, para que volviéramos a tener buenas conversaciones con nuestras parejas, a jugar en familia y tantas otras maravillosas cosas. Lo que no debemos hacer es regresar a las calles y olvidarnos de esto.

El regalo es descubrir que no tienen que pasarnos cosas "malas" para retomar el camino perdido. Podemos siempre tener prendido nuestro GPS, digo, nuestro corazón, y sintiéndolo jamás equivocaremos otra vez la ruta.

Lo malo —si es que puede calificarse de esa forma— no es habernos equivocado en el camino a seguir; lo malo o triste sería no recapacitar, no reflexionar, no autoindagar, reorganizar, restructurar, volver a planificar, recomenzar, reaprender y recordar que somos los hijos del más grande. Por amor y agradecimiento, sería maravilloso que pudiéramos en este nuevo intento hacerlo mejor.

El regalo eres tú, tu potencial para crear un nuevo mañana, tu energía para contagiar a otros de alegría, tu amor capaz de curar cualquier herida, tus ganas de reír y hacer reír a otros, tu fortaleza para levantarte después de la caída, es decir, tu ser.

EL REGALO ERES TÚ.

VUELVE A TI Y ENCUENTRA EL CAMINO.

CÓMO CONTACTARME

Dicen por ahí que no puedes acompañar a alguien a ningún lugar a donde no hayas ido tú mismo. Así que no temas, yo también me raspé bastante las rodillas, también sé lo que se siente, estuve allí y salí.

Los pasos que describo en *El Camino* no son infalibles ni únicos ni mucho menos creo que haya inventado el agua tibia. Pero si sientes en algún momento del camino que necesitas algo de luz, alguna señalización o sientes que simplemente no puedes solo o sola, escríbeme.

Hagamos que este monólogo se convierta en una conversación o en sesión, como tú lo prefieras.

Si piensas que necesitas un empujoncito extra, un acompañamiento, unas palabras, una miradita en el espejo, una consulta o si quieres invitarme a una conferencia o seminario, no dudes en contactarme a mi correo: olandalovecoach@gmail.com

CRÉDITOS MUSICALES

PRODUCER & MIXING ENGINNER
5 TIMES GRAMMY AWARD WINNING
www.pablogovernatori.com pablo@pablogovernatori.com
Whatsapp +507-60184945 (Panamá) +54-9-3471-316597 (Argentina) Contacto: +54-9-3471-316597 y +54-9-3471-314403 (Argentina)

CREDITOS

Letra y Música de todas las canciones: Olanda Angarita

Al Ladito De Dios:
Producción artística: Pablo Governatori
Arreglos: Walter Crola, Agustín Yonson, Pablo Governatori. Bateria y Percusión: Pablo Governatori
Guitarras y bajo: Agustín Yonson
Piano, Keyboards y bajo: Walter Crola

Llegaste A Mi:
Producción y grabación: Pablo Governatori e Iván Barrios Bateria y percusión: Pablo Governatori
Guitarras, bajo y keyboards : Ivan Barrios
Bandoneon: Cristian Gustafsson
Grabación bandoneon. Daniel Velez

Mezcla: Pablo Governatori
Mastering: Nacho Molino
PTY Studios Panamá

Ya No Tomamos Café:
Producción artística: Pablo Governatori
Arreglos: Walter Crola, Agustín Yonson, Pablo Governatori. Bateria y
Percusión: Pablo Governatori
Guitarras y bajo: Agustín Yonson
Piano, Keyboards y bajo: Walter Crola

Quedate:
Producción: Ivan Barrios
Bateria: Pablo Governatori
Guitarras, bajo y keyboards: Ivan Barrios Mezcla: Ignacio Molino
PTY Studios Panamá
Mastering; Daniel Ovie

Hoy Volví A Verte:
Producción artística: Pablo Governatori
Arreglos: Walter Crola, Agustín Yonson, Pablo Governatori. Bateria y
Percusión: Pablo Governatori
Guitarras y bajo: Agustín Yonson
Piano, Keyboards y bajo: Walter Crola

Hoy Lloro Porque Quiero Llorar:
Producción artística: Pablo Governatori
Arreglos: Walter Crola, Agustín Yonson, Pablo Governatori. Bateria y
Percusión: Pablo Governatori
Guitarras y bajo: Agustín Yonson
Piano, Keyboards y bajo: Walter Crola

Embrujo Gitano:
Producción, grabación y programación Pablo Governatori Featuring:
Real Phantom
Bajo: Deuel Toribio
Mezcla y mastering : Ignacio Molino
PTY Studios Panamá

Si Me Ves Llorando:
Producción artística: Pablo Governatori
Arreglos: Walter Crola, Agustín Yonson, Pablo Governatori. Bateria y
Percusión: Pablo Governatori
Guitarras y bajo: Agustín Yonson
Piano, Keyboards y bajo: Walter Crola

La La La:
Producción artística: Pablo Governatori
Arreglos: Walter Crola, Agustín Yonson, Pablo Governatori. Bateria y
Percusión: Pablo Governatori
Guitarras y bajo: Agustín Yonson
Piano, Keyboards y bajo: Walter Crola

www.ingramcontent.com/pod-product-compliance
Lightning Source LLC
LaVergne TN
LVHW040013200726
843493LV00005B/1254